AI浪潮下可复制的企业增长

陈晓锋◎著

中国商业出版社

图书在版编目（CIP）数据

智胜 ：AI 浪潮下可复制的企业增长 / 陈晓锋著.
北京 ：中国商业出版社，2025．5．-- ISBN 978-7-5208-3409-4

Ⅰ．F272.7

中国国家版本馆 CIP 数据核字第 2025PQ5436 号

责任编辑：黄世嘉

中国商业出版社出版发行
（www.zgsycb.com 100053 北京广安门内报国寺 1 号）
总编室：010-63180647 编辑室：010-63033100
发行部：010-83120835/8286
新华书店经销
深圳市福圣印刷有限公司印刷
*
710 毫米 ×1000 毫米 16 开 17 印张 187 千字
2025 年 5 月第 1 版 2025 年 5 月第 1 次印刷
定价：99.00 元
* * * *
（如有印装质量问题可更换）

推荐序

PREFACE

目前，全球AI产业迎来历史性拐点。OpenAI在多个领域开启了新的进展和变革，各国技术先锋争先恐后加入到AI大模型竞赛中，而中国团队DeepSeek以“开源+低成本+高性能”，将大模型API推理成本压缩至同类模型的三十分之一至四十分之一，掀起“算力平权”革命。在此之前，欧盟通过全球首部AI监管法案，美国启动千亿级“星际之门”AI基础设施计划——技术迭代与地缘博弈交织，一场重塑商业规则的“AI军备竞赛”已拉开帷幕。

在这样的激变中，可以预测，未来三年将有大量的企业因“AI代差”面临生死存亡的洗牌。当DeepSeek-R1以不及GPT-4o十分之一的训练成本达到同等性能，当微软、亚马逊争相将大模型嵌入核心业务系统，传统企业的“渐进式改良”已不足以应对这场颠覆——要么成为技术红利的捕手，要么沦为时代更迭的代价。

《智胜：AI浪潮下可复制的企业增长》正是在此背景下应运而生。它并非是又一本“AI焦虑贩卖手册”，而是一部扎根中国商业土壤的“智能增长操作系统”。书中揭示了一个真相：AI不是魔法，而是显微镜与加速器的合体，它可以提高你对客户洞察的精度，通过万亿级商业连接数据构建“企业知识图谱”；可以精准细分你的决策链路，用AI覆盖你的经营管理销售全流程。探迹科技用 40000+ 企业实战案例证明，当同行还在用 AI 生成海报时，先行者已借助“智能销售矩阵”大大降低获客成本，缩短成单周期，并实现了业务增长。

书中讲了“三个重构”：

1. 重构增长本质——颠覆传统“漏斗模型”，构建“智能增强飞轮”：精准获客 × 高转化率 × 持续成单，三者形成数据反哺闭环，让增长从“线性努力”变为“指数裂变”。

2. 重构组织基因——提出“铁军2.0”概念：销售团队不再比拼话术储备，而是专注“人 +AI 协同指挥能力”，通过 AI 实时分析商海态势、生成动态作战地图，让人从执行者进化为策略指挥官。

3. 重构竞争维度——突破“人海战术”，依托“AI 四步引擎”完成客户定位（从“盲扫市场”到“智能雷达扫描”）、需求解析（从“主观判断”到“需求透视”）、价值交付（从“统一模板”到“动态价值推演”）、关系运维（从“被动响应”到“全智能助手”）的全链智能跃迁。

当下最危险的错觉，是将 AI 视为“工具升级”。但实际上，真实发生的是一场“商业达尔文革命”——你的竞争对手不再只是同行，而是某个用 AI 重构供应链的制造企业、用智能体替代渠道的跨界颠覆者。本书如同一把锋利的手术刀，剖开表象，直抵本质：AI 时代的企业价值 = 数据资产密度 × 算法迭代速度 × 组织进化韧性。

希望所有不甘于“被算法定义”、立志“定义算法”的企业家们，能够乘风借浪，不辜负 AI 带来的新商业时代。

九合创投创始人　王啸

2025 年 5 月

目录

CONTENTS

第 4 章　拥抱 AI 前沿科技

第 5 章　搭建强有力的增长团队

第 6 章　如何做好销售管理，实现业绩增长

第 7 章　持续可增长的销售经营能力

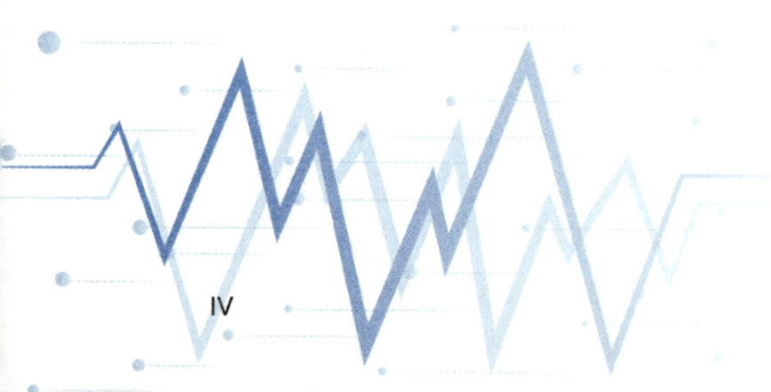

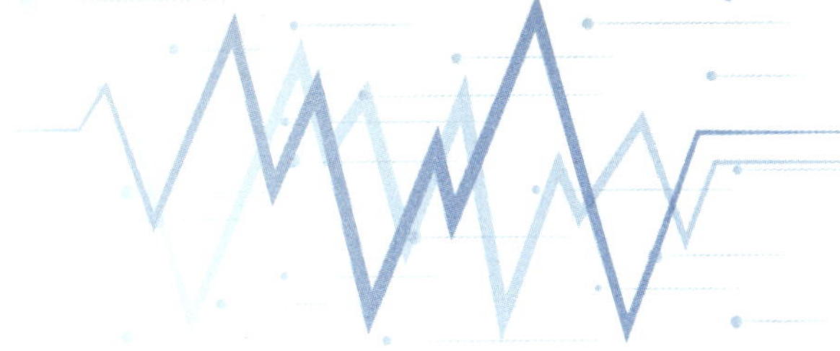

第 1 章

chapter 1

穿越经济周期

风会熄灭蜡烛，却能使火越烧越旺。对随机性、不确定和混沌也是一样：你要利用它们，而不是躲避它们。你要成为火，渴望得到风的吹拂。

——纳西姆·尼古拉斯·塔勒布

《黑天鹅：如何应对不可预知的未来》作者

安皮里卡资本公司创始人

看清时代新挑战

近年来，随着全球经济陷入下行周期，国际经济格局正经历着前所未有的变革。大国之间的竞争日趋激烈，地缘政治风险不断积聚，经济战略的角逐以及科技能力的较量，成为当下国际社会的主要焦点。

国际力量对比的变化趋势越加明显。传统的发达经济体，虽然仍保持着一定的优势地位，但新兴经济体的崛起，已经对国际力量对比产生了深刻的影响。它们不仅在经济规模上实现了快速扩张，更在科技创新、文化影响力等方面展现出了强大的实力。而这一趋势的变化不仅影响着全球治理体系和国际秩序，对相关国家的经济和社会发展也有着深远的影响。

大环境之下的中国企业，在全球化中砥砺前进、逐波生存，从早期依靠原料与廉价劳动力争抢全球“代工”，到转向“智造”实现全球输出，再到转向“跨境”“出海”，中小企业的每一次增长新机，都与时代的变局、环境的巨变息息相关。

在过去较长一段时期里，中国企业受经济全球化带动，快速崛起，从对全球化贸易一窍不通，到引领全球经济发展。

在全球化的浪潮中，中国企业经历了从低端制造到高端“智造”的转变，其创新能力和国际竞争力得到了显著提升。根据《2024年全球创新指数报告》，中国在全球的创新力排名较上年上升一位，排在第十一位，中国的创新产出、创新投入分别排在第七位和第二十三位，均高于上年。在全球创新指数的七大领域中，中国在知识与技术产出、基础设施和商业成熟度方面的排名靠前；在动力电池、电动汽车等具体细分领域，中国的创新发展和应用推广对拉动创新发挥重要作用，反映出中国创新发展的强大动能和广阔前景。

全球经济增长放缓，存在不确定性。IMF（国际货币基金组织）《世界经济展望》中称，全球经济自 2024 年 4 月以来已出现多项显著变化。美国经济不断显现降温迹象，尤其是劳动力市场。同时，欧元区经济有望出现回升。亚洲新兴市场经济体仍是全球经济的主要动力。印度和中国的增速预测值上调，几乎贡献了全球增长的一半。然而，未来五年的世界经济前景仍然疲弱。

与此同时，近年来全球贸易环境的变化，特别是一些主要经济体之间的贸易摩擦和政治因素，导致了全球贸易在一定程度上的脱钩断链现象。

全球经济正在经历结构性的重组，中国经济也在经历结构性的整体转型。2024 年，中国经济结构性转型进入深水区。随着国际金融危机的爆发，以及随之而来的全球经济结构调整，中国经济开始进入新的结构调整阶段。这一转变意味着中国经济的增长将更多依赖于内需，特别是消费需求的拉动。正如北京大学国家发展研究院院长姚洋所指出的，中国经济经历了几十年来最重大的结构性变化，其中，一个显著变化是告别出口导向型增长模式。

服务业的比重不断上升，而工业的比重则开始下降。这一变化反映了中国经济结构的优化升级，也意味着经济增长的质量和效益正在提高。同时，全球贸易环境变化、国内经济结构的转型，让中国企业面临新的挑战。

大型企业遇到的挑战会直接影响供应链中的中小企业。这些中小企业往往依赖大型企业的订单来维持运营，因此，一旦大型企业的生产和销售受阻，中小企业就会面临订单减少和资金链断裂的风险。由于中小企业的资金链通常较为脆弱，面对市场不确定性和技术封锁时，资金紧缺的风险会进一步加剧，进而影响企业的正常运营和发展。

中小企业在技术、资金、市场等方面相对较弱，对外部环境变化的适应能力也较差。因此，在市场不确定性面前，中小企业可能难以快速调整策略以适应新的市场环境。在某些情况下，产业链中的中小企业甚至可能因为大型企业的决策而面临生存威胁。例如，大型企业为了保护自身利益可能会牺牲供应链中小型合作伙伴的利益。技术的封锁对中小企业的影响尤为严重。在全球化的市场中，技术是企业竞争力的重要来源。然而，在地缘政治紧张的背景下，一些关键技术的交流和合作受到限制，中小企业获取先进技术的渠道受阻，这无疑加大了它们在市场竞争中的劣势。

了解增长新机遇

了解增长新机遇

在全球经济充满不确定性的背景下，机遇与风险并存，每个人、每个组织乃至整个社会，都面临着前所未有的挑战与考验。唯有深入理解并积极应对增长过程中遇到的新难题和新机遇，方能实现自我进化与迭代，在时代的滚滚洪流中屹立不倒。

ToB 企业面临的挑战

有效需求不足，行业竞争加剧，在这样的背景下，ToB（to business，即面向企业，为企业提供服务）企业正面临一系列挑战，这些挑战不仅影响了企业的日常运营，也对企业的长期发展提出了要求。

内部成本的增加对 ToB 企业构成了重大压力。原材料价格的上涨直接影响了企业的生产成本，压缩了利润空间。同时，随着消费者对产品个性化需求的增加，企业需要提供更灵活的定制服务，这无疑增加了内部运营的复杂性和成本。在技术革新方面，新技术和新工艺的涌现要求企业不断更新设备和提高技术水平，以保持竞争力。这不仅需要大量的资金投入，也对企业的技术能力和管理水平提出了更高要求。

从外部环境来看，ToB 企业的竞争日益激烈。同行之间的价格战导致利润空间进一步压缩，产品差异化的降低使市场竞争更加残酷。拓客渠道的集中和订单的碎片化也使企业在获取新客户和维护老客户上面临更大的挑战。在营销获客方面，成本的增加也是一个不容忽视的问题。展会效果的减弱、平台流量的垄断以及电商获客广告成本的增加，都导致了营销获客成本的上升。

同时，搜索引擎获客难度的增加和成本的提高，使企业在营销方面面临更大的压力。在销售团队的搭建上，ToB 企业同样面临挑战。优秀人才的缺乏、新员工留存难以及销售狼性难养成，都是企业需要解决的问题。此外，无体系化管理也是导致销售团队效率低下的重要原因。对于新客群的挖掘，ToB 企业也面临着困难。无法清晰察觉新行业商机、找不到产品新利润增长点以及单一行业圈子无法突破，都是企业在新客群挖掘上需要解决的难题。

面对这些困境，ToB 企业纷纷积极压缩营销开支、减少经营成本，想方设法提高经营效率。降本增效是企业生存和发展的关键，是企业提升竞争力、保持盈利能力的重要途径。通过优化生产流程、提高自动化水平、采用新技术和管理创新等手段，企业能够降低运营成本，提高效率和市场响应速度。面对困难挑战，企业开始全面审视自身成本结构，以实现高质量发展，提高经营效益。

面对市场对多元化和高品质需求的增长，企业需要深入理解宏观环境和政策，将其融入长期经营策略中，提高运营效率，应对管理复杂性的增加，以解决当前的增长挑战。

同质化带来的恶性竞争

随着竞争的加剧，国内很多行业的市场逐渐接近饱和，进入了“存量经济”的时代。

以短视频行业为例，截至 2023 年 12 月，我国网络视听用户规模达 10.74 亿，网民使用率达 98.3%。几乎所有网络视听用户都已经成为短视频产品的用户。这样一来，如果行业内的某家企业想要实现客户数量的增长，拓展新客户已经越来越难，企业想要实现发展，更需要从竞争对手那边“抢”客户，直接导致了行业竞争的加剧。

当一个产业发展到了一定水平之后，同质化的现象便如影随形。当产业的经营模式与资源配置被开发到了一定程度后，头部竞争者的策略选择逐渐趋同，其提供的主流产品也逐步同质化。大家只能通过拼价格、拼成本、拼广告投入、拼渠道扩张等竞争手段实现生存。

最典型的案例当属共享单车，最早的时候摩拜单车的出现给市场带来了颠覆性的革命，解决了“最后一公里”的出行难题。由于行业进入门槛相对较低，ofo、小蓝等众多品牌迅速加入市场。自 2016 年 9 月 23 日优拜单车拿到数千万元人民币天使轮融资开始，ofo、摩拜也相继宣布融资，20 天里，总融资额近 20 亿元。

但在短暂繁荣后，由于没有明显的技术壁垒，也缺乏有效的市场监管和行业规范，共享单车的竞争很快进入了砸钱补贴、抢占份额的“内卷”中。竞争者纷纷扩展投放范围，一时间在各大城市上演了一场“圈地”竞争。然而，共享单车的无序投放，企业自身运营能力不足，加之单车损坏率居高不下，不仅产生了大量的资源浪费，也给城市管理造成较大的负担。据统计，仅2017年一年，报废的共享单车就产生了近30万吨废金属，相当于5艘航母结构钢的重量。

2018年，ofo便深陷押金退款风波，同年摩拜被美团收购，共享单车在一番波折后似乎回到了较为稳定发展的时期，但也再不复曾经的盛况。

类似例子，我们在网约车、外卖、快递等行业中仍能不断看到，即使门槛高如半导体、互联网这样的产业，也难逃同质化恶性竞争的泥淖。企业之间相互内斗、低价竞争，短期内会直接影响企业生产效益，长期上则很可能让产业难以摆脱产能过剩。

恶性竞争，究其根本实际上是创新水平不足的问题，创新能力不足，企业便难以形成差别化的竞争力，只能选择门槛低、技术壁垒不明显的产品。行业总体上欠缺具有竞争力的关键技术和拳头产品，竞争形式以价格竞争为主，大多数企业只能被困在产业链低端的环节。

随着大数据、云计算、人工智能等在内的新一代数字技术的问世，逐渐有企业意识到，引入数字化手段，似乎是破解增长难题的必由之路。

科技重塑："工业 4.0"已至

AI 技术作为工业 4.0 的核心驱动力之一，重塑着各行各业的生态，其颠覆性效应不仅局限于媒体内容行业，更在互联网、金融、教育、医疗、制造业等行业中展现出强大的影响力。相信不久之后，每个人都将置身其中，共同见证并参与着这场生产力的深刻革命。

2022 年底，OpenAI 发布的 ChatGPT 掀起了人工智能的热潮。仅仅一年后，2023 年 5 月底举行的中关村论坛上，有专家披露，中国 10 亿级参数规模以上大模型已发布了 79 个；2023 世界人工智能大会的统计表明，中国已有 130 家研发大模型的公司。此时，ChatGPT 引起的大模型研发热，已经带动国内形成"百模大战"的格局。2024 年，国际人工智能专家李开复曾表示，近两年来大模型性能加速提升，AI 在智能上已超过人类平均水平。

3D 打印、新材料开发、汽车产品制造、物流运输等行业都在经历着 AI 技术带来的生产力的变革。AI 能够推动高效处理与制造产品的相关流程，包含产品设计、工程技术、生产流程、物流及供应链管理。目前，已经有一些 AI 产品能够实现自主完成编程指令编写，以及产品的设计与工程流程规划。同时，AI 正在加速提高自动化工作流的智能水平，通过实时洞察和决策来加速和扩展企业内部数字化转型的议程，帮助工程师确定问题，并估算解决问题所需的资源。

在制造领域，AI 技术正推动自动化、机器人技术、质量控制和预测性维护的发展，有效减少生产浪费，促进信息流通和团队协作，从而显著提高生产效率、设备维护效率和问题解决速度。IBM 商业价值研究院最近对全球 2000 多位高层管理者进行的一项调研表明，那些在生成式 AI 和数据驱动创新方面领先的企业，其年利润比其他企业高出 72%，年收入增长速度也快 17%。IDC 预测，未来五年内，中国 ICT 市场的新兴技术投资将占总 ICT 投资的一半以上，达到 2 万亿美元，其中很大一部分将用于制造业的数字化转型。

在物流领域，AI 技术的应用也日益广泛，从无人驾驶车队管理到智能调度系统，AI 正在提高物流效率和降低成本。例如，美团实时智能配送系统和饿了么的智能调度系统方舟，都利用深度学习与多场景人工智能适配分单，实现精准预测和最优匹配，保证配送效率和体验。

在营销领域，AI 技术的应用正在改变行业的游戏规则。AI 不仅可以帮助企业更精准地洞察用户需求，开发新产品，还可以通过生成式 AI 技术，提高内容创作的效率和质量。AI 技术的应用，使每个人都可以参与创意过程，推动营销行业的变革。同时，AI 技术也在帮助企业解决具体问题，提供个性化的服务体验，从而提升用户的黏性和参与度。

未来，那些能够充分利用 AI 技术优化营销策略、提高用户黏性并创造出真正价值的企业，将有机会在竞争激烈的市场中脱颖而出，实现可持续的增长和发展。这场生产力的革命不仅是技术的革新，更是思维方式和商业模式的转变。

第2章

chapter 2

ToB 企业增长的底层逻辑

确定增长战略和增长重点的第一步是明确哪些指标对产品增长来说最为重要。

——肖恩·埃利斯（Sean Ellis）

《增长黑客》作者

在人工智能的浪潮中，ToB 市场正经历着一场革命性的变革，这场变革如同一股不可阻挡的力量，重塑着企业竞争的格局。不再只是产品或服务的简单较量，竞争已经演变为一场涉及市场动态和增长战略的复杂博弈。在这场变革中，洞察 ToB 企业增长的深层逻辑变得尤为关键，它不仅关乎企业的生存与发展，更是企业在激烈市场竞争中保持领先地位的法宝。

在技术与市场日新月异的今天，ToB 企业正面临着前所未有的增长挑战。传统的销售和营销模式已逐渐失效，难以适应现代企业复杂多变的需求。在此背景下，深入洞察客户需求、精准市场定位以及高效运用数据和技术，成为 ToB 企业重塑增长策略的关键。精准获客、业绩增长及持续成单，这三者不仅是 ToB 企业稳固市场地位的基石，更是推动企业持续繁荣发展的核心驱动力。

正如作战需要详尽的作战图，销售人员在追求业绩的过程中，同样需要一套科学、系统的销售策略——销售漏斗模型（如图 2.1 所示）。这一模型将复杂的销售流程拆解为一系列简单、可控的步骤，销售人员通过不断重复执行与优化这些步骤，最终实现销售业绩的可控增长。销售漏斗模型标志着销售作业向数据化、科学化与标准化地迈进。

探迹系统作为行业先行者，结合销售漏斗模型构建庞大的流量池，并运用多维度筛选机制，帮助企业精准锁定目标客户群体，构建出精细化的客户画像，从而提高了获客的精准性与效率。在推动业绩增长方面，系统依托多元化的触达策略，有效提升了转化率；同时，整合呼叫中心和智能外呼功能，进一步加速了营销进程。更为关键的是，探迹系统还聚焦于长期客户关系的建立，通过实施客户全生命周期管理，不断巩固客户忠诚度，为企业的持续成单奠定了坚实基础。

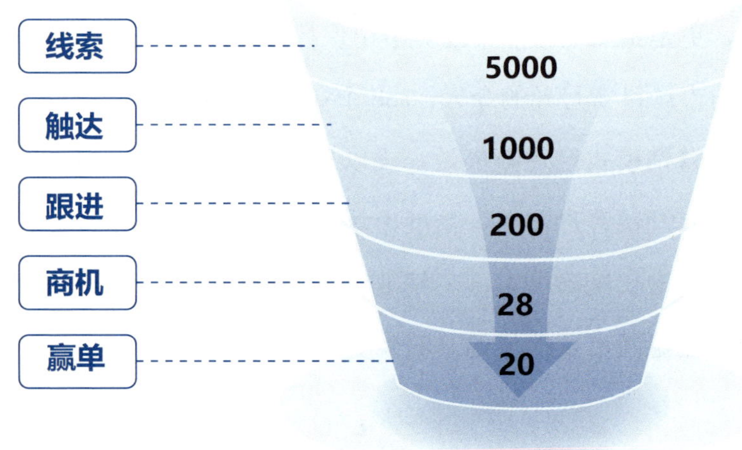

图 2.1 销售漏斗模型

一个典型的销售漏斗涵盖了从客户产生兴趣到最终成交的全过程。经验丰富的销售管理者深知，每一个销售机会的推进，都离不开销售人员的积极行动与精准引导。由于不同企业的销售流程各具特色，因此，每个企业的销售漏斗模型也呈现出差异化的特点。但无论形式如何，销售漏斗的核心价值在于为销售人员提供了一套清晰、可操作的行动指南，助力他们更加高效、精准地达成销售目标。

精准获客 = 大流量池 × 多维度筛选

ToB 企业实现增长的第一个核心要素，就是保证精准获客，即广泛获取潜在客户的相关信息，组成足够规模的大流量池，并通过多重维度筛选信息，最终得到较为精准的客户。其中，大流量池的建立与多维度筛选的过程是必不可少的环节。

大流量池，不需要“重新发明轮子”

我们可能都遇到过这样的情况：想要购买某件东西，在购物 App 里面进行了一番搜索却没拿定主意，转头打开短视频 App，却发现首页上就向你推送了相关商品的广告与评测。这些好像“心想事成”一样的事情，其实并非心理作用，而是大数据根据我们在线上的行为与信息进行的精准推送。在目前国内的市场中，这样的平台已经不算少见，淘宝、抖音、拼多多等 App 依托自身庞大的用户信息流量池，通过对用户信息的分析与筛选，实现了客户与产品的精准对接。

在 ToC（to customer，面向消费者的商业模式）市场中，这样的推送技术已经十分成熟，对于这些营销平台而言，每个用户都已经被转化为一份线上的信息图谱，散布在巨大的流量池中。平台通过信息图谱筛选我们的需求，我们也能更快地找到所需的商品。虽然可能还存在一些关于个人隐私相关的隐忧，但整体而言，需求与推送的精准对接，还是营造出了一种双赢的局面。

而在 ToB 市场，这样精准的链接与触达，却并不普遍。实际上，从企业登记注册开始，每一天的经营活动、招聘信息等都在不断地创造数据。这些数据的维度包括但不限于地理位置、经营状况、招聘信息等，这些信息的积累，使 B 端市场同样具备了大流量池的特征。截至 2024 年，中国市场主体总量已经超过 1.8 亿户，这对于 ToB 企业来说，属于一个总的大流量池。

在这个大的流量池里面，不同的行业就有不同的目标客户池，这是建立在大的流量池的基础上。但对于很多 ToB 企业与产品，仍然处于一种“酒香还怕巷子深”的情形中。很多企业对于潜在客户的认知仅止于地区行业圈层以及各种展会之中，对于这个全国性的大市场，还有相当的开发空间。

以机械制造行业为例，我国整体制造业一直保持着发展的趋势，但行业的发展也带来了激烈的竞争。为了更快打开市场，机械制造行业的企业需要更多垂直领域的客源，但如何找到理想的客户，就成了难题。尤其是那些设备与技术适用范围较广的企业，很难有高效发掘新客的渠道，只能沿用参展、广告推广等传统拓客方式，但是这些营销渠道 ROI（return on investment，投资回报率）较低，引流留资的客户精准度也不高。团队每年会参与大大小小的展会，投入的营销成本较大，个别企业甚至会遇到“平均下来每条线索两三百块”的情况。不仅如此，通过传统手段收集到的潜在客户资料也并不完善，很多时候销售人员难以通过线索对接到客户企业的关键人员，转化成本居高不下。

究其原因，ToB 市场中的客户并非具体的个人，而是种类不同、规模迥异的企业与组织，信息的维度更加复杂，对于国内目前占绝大多数的 ToB 企业而言，建构大流量池的难度实在太大。数量众多的市场主体，在互联网中公开的信息与渠道也十分复杂。即使是注册地址、产品信息、经营状况这些基本数据，涉及的网站也以百万计，包括上千亿的页面，同时页面的结构与类型千差万别，想要快速稳健并持续地更新数据，其难度可想而知。

面对这一难题，ToB 企业与其闭门造车，倾注庞大成本来挑战建设大流量池，不如放开视野，向外寻求资源，借势增长。目前，很多 ToB 企业在寻求有效的解决方案，一些公开平台已经整合了各种企业的工商信息、展会信息等。而较为先进的企业已经建构起了覆盖国内绝大多数企业、商品、渠道、行业信息的大流量池。以探迹为例，探迹构造了中国最全的企业知识图谱，依托大规模分布式爬虫引擎和先进的大数据算法，采集超 1.8 亿全量市场主体信息，覆盖全国千行万业垂直领域数据，数据处理达到 PB 级别。

探迹企业知识图谱深度解构商业连接关系，“2000+”细分行业高质量知识，“1.5 万 +”业务维度全方位展示企业行业信息，把全国 20 亿细分行业产业知识全部构建起来，智能识别产业链上下游关系及企业供需关系，进而挖掘潜在商机。

数据化企业画像，实现多维度筛选

在获取数据的基础上，ToB 企业想要获得精准的客户，还需要将客户的信息标签化，建立客户画像，才能够根据标签进行筛选，最终找到合适的结果。客户画像，就像一张特定人物的照片，我们可以通过照片了解这个人的性别、穿着以及样貌特征，在茫茫人群中准确地找到这个人。

在 ToB 市场中，客户不是某个确定的人，而是一家企业，我们在描绘客户画像的时候，不仅要对企业的基本特征进行限定，还要对其中关键人物的基本情况有所预期（如图 2.2 所示）。

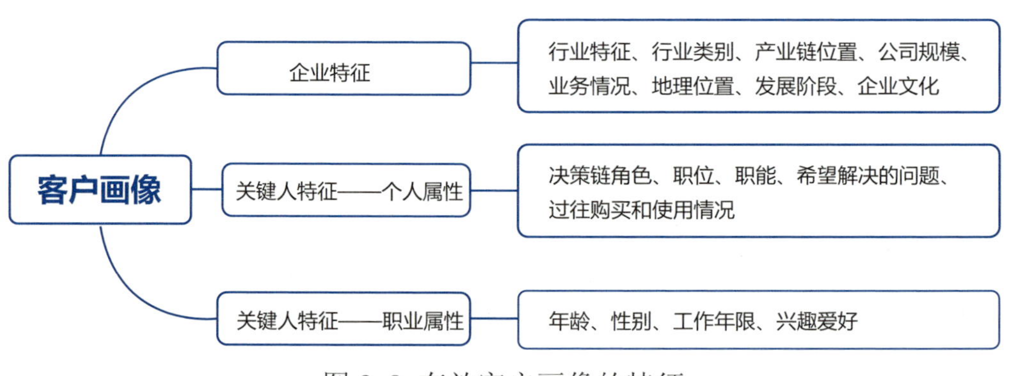

图 2.2 有效客户画像的特征

关键人物不一定是客户企业的老板，但一定是在购买决策链中有重要作用的角色。虽然 ToB 企业的服务对象是客户企业本身，但销售工作针对的更多是具体的人，能够在确立客户画像的环节考虑到客户企业关键人物的基本特征，既能够对销售行为提供参考，也能够进一步筛选出成交概率更高的客户，从而间接促进业绩增长。

确立了有效的客户画像后，我们就需要将画像中的特征作为筛选的维度，就像构成渔网的一条条细线，用不同的维度构成的筛选网络，准确找出符合画像特征的客户。

以企业特征为例，在众多的条件中，我们基本可以将维度分为基础型、业务型、实力型、活跃型与风险型。

1. 基础型

顾名思义，基础型的维度以企业的工商信息为主，是客户企业最基本的信息，获取的难度也相对较低，基本可以作为筛选时优先参考的维度，从而在较大的范围划分客户类型（如图 2.3 所示）。

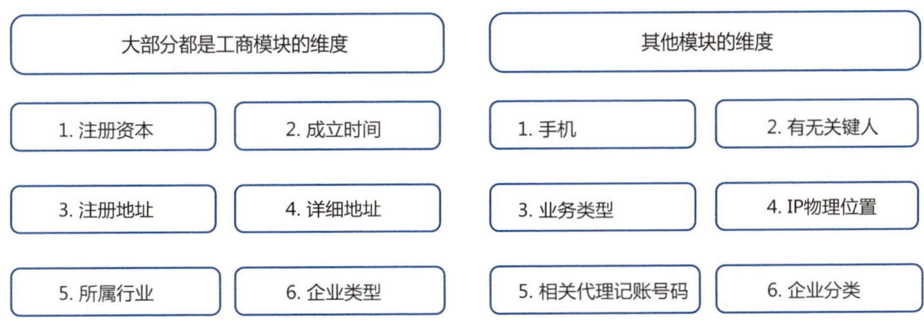

图 2.3 基础型维度

2. 业务型

业务型维度也是较为基础的维度，很多企业的名称本身就包含了相关业务的信息。同时，客户所推出的产品与招聘的岗位信息，也能体现出客户的业务重点方向（如图 2.4 所示）。

图 2.4 业务型维度

3. 实力型

实力型维度用来划分不同规模的客户企业，相关信息同样较易获取。这一维度的信息能够帮助我们判断客户企业对于产品或服务能够付出的成本规模，同时也能够反映出长期的发展趋势与方向（如图 2.5 所示）。

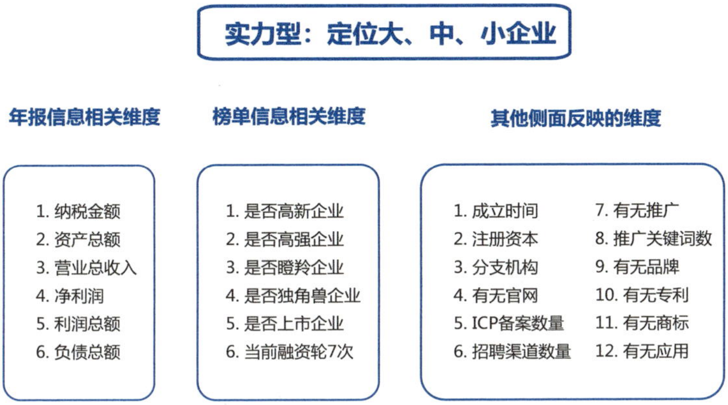

实力型：定位大、中、小企业
年报信息相关维度
1. 纳税金额
2. 资产总额
3. 营业总收入
4. 净利润
5. 利润总额
6. 负债总额
榜单信息相关维度
1. 是否高新企业
2. 是否高强企业
3. 是否瞪羚企业
4. 是否独角兽企业
5. 是否上市企业
6. 当前融资轮7次
其他侧面反映的维度
1. 成立时间
2. 注册资本
3. 分支机构
4. 有无官网
5. ICP备案数量
6. 招聘渠道数量
7. 有无推广
8. 推广关键词数
9. 有无品牌
10. 有无专利
11. 有无商标
12. 有无应用

图 2.5 实力型维度

4. 活跃型

活跃型维度与时间、日期密切相关，反映出客户企业短期内的发展重点或主要问题。这一维度信息较多的企业，其需求的紧迫性较高，对于符合需求的产品更有可能倾向于快速成交（如图 2.6 所示）。

活跃型：关注那些和时间、日期相关的维度
1. 岗位发布
2. 近三月招聘总数
3. 最近获证日期
4. 最后推广时间
5. 招投标项目发布时间
6. 近三月招聘岗位总数
7. 近一个月岗位招聘名称时间

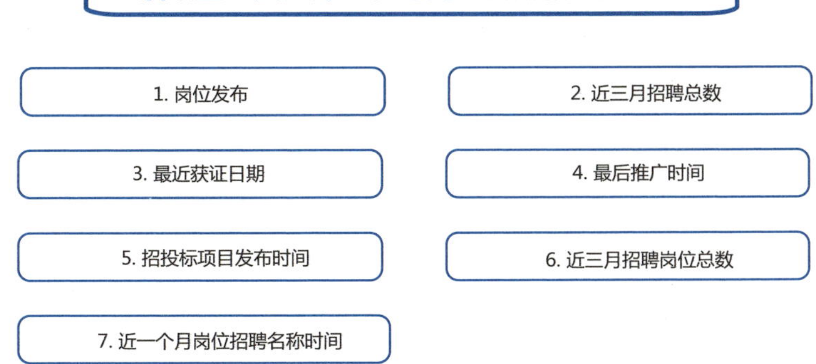

图 2.6 活跃型维度

5. 风险型

风险型维度，即客户近期的风险信息，一般作为规避风险的参考（如图2.7所示）。

图 2.7 风险型维度

ToB 企业想要实现对客户的精准定位，还要通过更多的维度进行筛选。到了这个程度，就需要借助更加有效的工具才能实现。例如，探迹拓客就支持名称、产品、网点、招聘、公告等多种维度进行组合查询，维度总计超过 300 个，同时支持灵活组合，精准定位优质客户。

业绩增长 = 多精准线索 × 高转化率

业绩增长作为企业增长的核心要素，可以说是体现得最直接的一点。而想要实现业绩增长，就要在掌握精准客户的信息，也就是在获取了较多精准线索后，实现客户的触达，通过较高的转化率实现成交。其中，精准线索依靠的是我们在前一阶段中的信息寻找与筛选，高转化率则需要我们通过专业、高效的销售团队来实现。

基于精准线索，如何全方位提高转化率

在销售漏斗的初期阶段，我们通过市场调研和客户画像的构建，筛选出了符合目标客户特征的企业。然而，这仅仅是开始，我们只是停留在“掌握线索”的阶段。这就好比解决一个数学问题，明确了条件只是第一步，要得出结论，还需要根据这些条件进行深入地计算和分析。同样，在获得精准客户线索之后，ToB 企业还需要通过实现客户的触达与转化，才能最终实现成交，为业绩带来增长。

所谓触达，就是让客户知道 ToB 企业的产品与服务，在掌握了较为精准

的客户信息后，我们能够选择的手段与渠道，从传统的广告投放与短信电话，到微信与抖音的短视频推送，实现的方式越加多种多样。在具体设计触达策略之前，我们需要了解几个主要触达方案的优缺点。

1. 短信。短信的特点主要是灵活性高、效率高，可批量发送几万条以上的信息，成本相比电话还要低。短信多用在活动通知、未转化用户召回、老用户召回等场景。但是，短信能发送的篇幅较短，内容也会受到通道与政策的影响。

2. 电话。电话能够实现与客户的一对一交流，理论上来说是所有触达工具中效果最好的。适用于用户转化流程引导、强交易类型产品，可以做到实时解答，如果引导适当，转化率较高，但也更考验销售人员的沟通能力。电话营销效率相对较低，每个销售人员一天可外呼的电话数量有限，提高效率的成本较高。

3. 广告投送。一般包括搜索广告、信息流广告、线下广告等，这类方式对内容的组织要求较高，效果评估也相对复杂。一份良好的广告投送的效率可能会非常高，但效果也可能并不明显。广告的投放的效率涉及多方面的因素，比如投放人员与设计者的专业水平、投放选址、关键词划分等，广告投放效率不是很稳定。

不同的触达方案并非互斥的，很多情况下都可以组合使用。通过自媒体平台进行广告投送，也越来越多被企业采用。同时，结合利用 AI 技术，通过精准筛选快速提取的定向客户人群包，并通过自媒体平台进行精准的广告推送，理论上能够将触达的效率最大化。

以探迹为例，探迹科技的呼叫中心与智能外呼服务支持自动外呼和发送策略，通过智能外呼，企业可以自动拨打电话，模拟真人与客户沟通，判断客户意向，提高营销效率和客户响应率。同时也支持批量发送与处理短信和邮件，并将上述功能整合进探迹 CRM 系统中，串联整个销售过程。

化被动为主动，提高转化率

企业要想实现业绩的持续增长，必须在扩大客户触达效率的同时，提高转化率。这不仅需要销售人员主动拓展客户，还需要不断地提高销售能力与管理水平。本文将探讨如何通过一系列策略和方法，实现这一目标。

很多企业在安排好客户触达环节后，安排销售人员跟进通过广告渠道导入的客户，将销售人员放在“销售流水线”中客户触达之后的位置，销售人员被动根据广告获得的客单进行跟单。这种方式的客户匹配度相对较高，因为客户来源渠道主要为搜索广告、信息流广告等。这种获客方式我们一般称为被动获客。其效率取决于在广告渠道能够获取的流量，在今天的市场上，这往往与营销资金直接挂钩，对于大部分中小企业来说，广告成本会是一笔不小的开销。在流量逐渐饱和的当下，平台的扩展逐步放缓，获取流量的成本也呈现出逐渐走高的趋势。

在实现多方触达精准客户的同时，销售人员主动拓客，尤其是在客户决策周期较长的 ToB 领域，就显得更加重要。

在被动获客的模式下，销售人员的定位更接近客服或跟单员，针对已经明确了自身需求的客户进行服务。而我们能够精准触达的客户中，实际上还有很多客户并没有认识到自己的潜在需求，甚至于对产品并不了解。就像藏在小巷子里的餐馆，虽然也可以将招牌放在人流更多的主干道，但大街上的人们往往还有自己的事情，如果不是看到了餐厅的环境、闻到菜肴的味道，就很难激发起他们的食欲，更不会光顾必须跟着招牌去小巷子里找的餐厅。

在主动拓客的模式中，销售人员的定位更接近“猎人”与“渔网”，需要根据客户线索主动对接客户，为客户提供更详细的产品介绍，并进一步发掘客户需求。在主动拓客的模式中，销售人员的发展潜力被进一步激发，销售人员不仅要捕捉那些已经显露出需求的猎物，更要像撒网捕鱼一样，覆盖更广阔的潜在客户群体，寻找那些尚未意识到自己需求的潜在客户。此时，我们前期构建的精准触达体系就可以成为销售人员拓展客户的助力，为销售SOP 的设计、客户分析进行记录与总结，进一步协助销售人员提高转化率。

创造销售和管理能力的精进，提高转化率

我们获得了大量精准客户的线索，凭借这些线索，就可以设计对应的触达方案，依托现有技术实现有效集客，同时也明确了销售人员的定位。

在明确触达与转化的模式之后，转化率的高低，就不再完全受制于营销成本的高低，销售人员整体的业务水平成了转化率提高的重要抓手。在 ToB业务的复杂销售过程中，销售人员的角色不仅是交易的促成者，更是解决方案的提供者和长期关系的建立者。因此，销售人员销售能力的提升与销售管

理的精进，逐渐成为企业业绩增长的关键因素。

在销售人员能力方面，需要销售人员在产品知识、沟通技巧、客户关系管理等方面实现整体的提高。比如，一个销售机械设备的销售人员，如果对该机械的配置、性能、优势、市场定位等有深入了解，就能在客户询问时迅速提供准确的信息。比如，可以解释为什么某款机械设备适合该生产环节，或者为什么另一款机械设备更适合生产需求。这种深入的产品知识能够增强客户对销售人员推荐的信任。销售人员需要对产品有深入的了解，这样才能在与客户的交流中准确传达产品的价值和优势。产品知识的深度直接影响到客户对解决方案的信心和满意度。有效的沟通技巧可以帮助销售人员更好地理解客户需求，而高超的谈判技巧则能在交易的最后阶段锁定胜局，实现双赢。

客户关系管理是 ToB 销售成功的关键。销售人员需要通过持续的互动和优质的服务，与客户建立信任和忠诚度。以一家提供企业软件服务的公司为例，销售人员不仅要在初次销售时与客户建立联系，还要在后续的服务中持续跟进。比如，定期询问软件的使用情况，解决客户在使用过程中遇到的问题，甚至在客户的生日或重要节日时送上祝福。这些小细节能够加深客户对品牌的好感和忠诚度。

在管理方面，则需要企业针对销售团队的搭建、培训体系的建立以及绩效评估与激励等方面不断完善。当企业建立起了完整的销售人员培训管理体系后，才能够稳定、大量地复制具有一定销售能力的成员。在规模效应下，企业整体的销售业绩就会有长足的发展，从而实现销售模型中从触达到成单的跨越。

完善了销售与管理两方面的能力建设后，企业就能够搭建起一个高效、稳定且可控的销售整体体系，进一步将企业的增长关键因素从销售能力的增长转化为更加可控且可持续的销售体系优化与革新。实现企业稳定且持续的增长。

以上销售管理能力的优化方法论，在后边的章节会展开细述。

持续成单 = 客户高黏 × 高质服务

持续成单 = 客户高黏 × 高质服务

前面的两个因素保证了企业的增长，但绝大部分企业想要做的，肯定不是不可持续的“一锤子买卖”，而想要保证成单乃至增长本身的可持续性，就需要建立长期、良好的客户关系，并通过高质量的客户服务，持续响应客户需求。

客户全方位周期管理

与 ToC 市场不同，ToB 市场很少会出现“卖后不理”的情况，一是因为很多 ToB 产品本身就包括了长期的服务。更深层的理由则是，在 ToB 领域，客户关系的建立往往需要较长的时间和较多的努力，但一旦建立起来，就能够为企业带来持续的价值。这种关系的稳定性减少了市场的不确定性，为企业提供了可预测的收入，使企业能够更好地规划未来的发展。

持续成单不仅涉及一次性的销售成功，更意味着建立起长期、稳定的客户关系和持续的收入流。通过持续成单，企业能够不断加深与客户之间的联系，增强客户对品牌的忠诚度。在竞争激烈的市场中，忠诚的客户更可能成为品牌的倡导者，通过口碑推荐帮助企业吸引新的客户。这种自然的推荐比传统的营销手段更有效，成本也更低。随着客户关系的加深，竞争对手进入的难度增加，这为企业提供了一定程度的市场保护。

如果将新客户的开发与成单看作开疆扩土，那么持续成单就相当于在疆土上建设堡垒与城邦。只做新客生意的买卖难以长久，一味开发老客户，也难以避免流失的局面。想要实现两个方面的共同发展，就要在成交的同时，通过高质量的服务以及系统化的方法，对与客户交互的每一个阶段与环节进行管理与优化。

这样的方式，我们一般称为客户全生命周期管理。一般而言，客户生命周期分为获取、激活、转化、留存、推荐五个阶段。

第一阶段：客户获取。客户获取是公司与客户接触的第一个阶段，目标是让尽可能多的客户了解公司的产品或服务，并提起兴趣。这可以通过集客营销（如内容营销、社群活动、搜索引擎优化）和推播式营销（如电销、广告）实现。

第二阶段：客户激活。客户激活阶段是指客户在了解企业提供的服务之后，表现出了兴趣。该阶段的目标是争取有兴趣的客户，以促成转化。

第三阶段：客户转化。在客户进一步转化阶段，客户会购买企业的产品或服务，从线索真正转化为产品的实际用户。目标是让客户快速完成付费，并帮助他们开始上手使用。

第四阶段：客户留存。在客户留存阶段，客户通过企业提供的产品或服务实现价值，并考虑进行复购和增购。这一阶段的目标是持续服务好客户，让客户有良好的使用体验和满意度。

第五阶段：客户推荐。在客户推荐阶段，客户已经通过产品或服务获取价值，并希望能够推荐给其他人。目标是让客户将公司的产品分享、推荐给其他人，产生用户裂变。

对于一家企业来说，客户的生命周期阶段繁多，而每个阶段的任务和目标也大相径庭。想要更精细化、更全面、更高效地管理客户的生命周期旅程，企业需要使用一套专业的客户全生命周期管理工具。

客户关系管理系统，提升服务效能

客户关系管理（CRM）系统，是客户全生命周期阶段管理的核心，旨在通过建立长期、稳定和有价值的客户关系，提高客户满意度和忠诚度，从而实现企业的长期成功（如图 2.8 所示）。

从功能角度，它管理企业销售业务，高效跟进客户线索，实现提高营销管理效率，客户情况、商机进展有据可查的管理。客户关系管理要求企业建立完善的客户信息数据库，收集并分析客户的行为和反馈数据。这些信息包括客户的姓名、地址、电子邮件、电话号码、购买记录、需求和反馈等，以便企业更好地了解客户的需求和偏好。同时，建立客户服务团队；提供客服支持以及建立完善的售后服务保障等，以便为客户提供更好的服务体验。

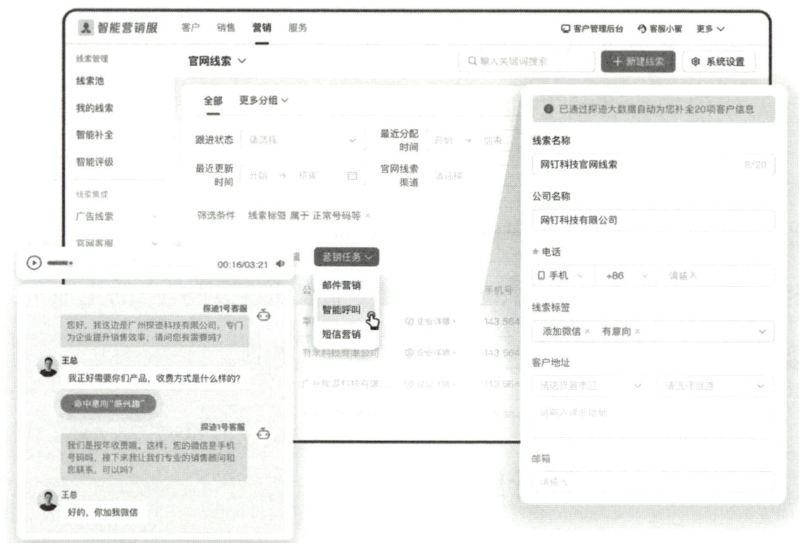

图 2.8 CRM 系统

客户管理的意识早已有之，在传统的客户管理方式中，客户信息往往分散在不同的销售人员手中，邮件与电话等渠道往往也并非由同一团队管理，管理效率相对较低。而智能一体化 CRM 系统可以自动化许多重复性的任务，如数据录入、客户信息更新和日常报告等，同时，整合微信、电话、邮件等多种平台，让销售人员能够全面了解客户视图，从而个性化地提供营销服务。

CRM 系统不仅是一个技术工具，更是一种企业文化和经营理念的体现。CRM 系统的核心价值在于聚焦优质客户管理，帮助企业识别、培养并维护那些最有价值的客户关系。

CRM 系统能够帮助企业在服务过程中提供更加连贯的客户体验。当客户与企业的任何部门互动时，客服人员都能够访问客户的完整历史记录，这有助于快速解决问题，并提供一致的服务体验。这种以客户为中心的服务理念能够显著提升客户满意度和忠诚度。

在维护优质客户关系方面，CRM系统的角色不可或缺。它能够帮助企业识别哪些客户最有价值，并集中资源进行深度培养。通过定期的客户反馈和满意度调查，企业能够及时调整策略，确保客户关系的健康和持续发展。

在此之上，随着AI技术的发展，高效的数据分析预处理技术也为CRM系统带来了更多可能性。随着数据的积累，CRM系统能够通过分析工具揭示客户的购买习惯和偏好，预测未来的购买行为，甚至识别出潜在的商机和风险。这些洞察为企业提供了制定精准营销策略和提升客户满意度的依据，使企业能够在保持现有客户的同时，吸引新的潜在客户。

越来越多的企业也注意到了ToB市场中的需求，在为企业实现优质客户管理的过程中寻求更多的可能性。探迹CRM融合探迹AI大模型的强大功能，为企业提供了一个从营销线索到客户服务的全方位解决方案，实现了业务流程的闭环。这一系统突破了传统CRM系统只重视管理而忽视营销获客的局限，为企业提供了一个全新的客户管理视角。

在寻找客户阶段，探迹CRM结合探迹AI大模型的功能，提供了智能推荐、潜客挖掘、市场洞察和客户绿化等服务。这些服务不仅帮助企业充分挖掘现有客户资源，还能智能推荐优质潜在客户，从而拓展销售线索，增强企业的市场竞争力。

在联系客户阶段，探迹CRM通过线索汇聚和相似客户裂变补充等功能，显著提高了潜客获取、识别和转化的效率。同时，系统构建了高度自动化的销售线索生成路径，快速输出高质量线索，节省了企业人力资源，并将销售成本集中在高价值的成单环节，从而显著提高了线索转化率。

在客户管理环节，探迹 CRM 的智能总结功能，自动生成与客户沟通的电话总结，并将其融入日志功能中，直接形成销售日志。这不仅确保销售团队不会遗漏任何电话中的重要内容，还节省了编写日志的时间，既方便了销售人员，也有助于管理者进行管理和资源协调。

借助人工智能技术，探迹 CRM 在线索挖掘、线索跟进与转化，智能分析和销售流程自动化的成果上得到较大提高，帮助企业可以更好地提高服务质量，提高客户黏性，最终实现持续成单。

提升销售服务能力，促进持续成单

作为一款高效的客户关系管理工具，探迹 CRM 系统通过其智能化功能，助力企业全面提高销售效率。在该系统的支持下，企业能够增强销售服务能力，确保持续成单，实现长期稳定的业务增长。在众多提升销售服务能力的措施中，个性化的客户体验、迅速响应客户反馈以及跨部门协作显得尤为重要。

个性化的客户体验是构建长期客户关系的关键。探迹 CRM 系统使企业能够深刻洞察每位客户的独特需求和偏好。通过深入分析客户数据，企业能够提供定制化的解决方案，这种个性化服务不仅提升了客户满意度，也进一步巩固了企业的专业形象。例如，利用探迹 CRM 系统的客户画像功能，销售团队能够精准识别关键客户群体，并为他们定制专属的产品推广活动，从而有效提升客户忠诚度，增加复购和增购的可能性。

在 ToB 市场中，客户需求和市场环境的不断演变要求企业能够快速适应变化。探迹 CRM 系统提供了一个高效的平台，使企业能够及时捕捉客户经营动态变化，并迅速作出反应。这种敏捷性不仅能够迅速解决客户的即时问题，还能树立企业的品牌美誉度，促进双方建立长期的合作关系。

跨部门协作在提供一致且高效的客户服务中扮演着关键角色。探迹 CRM 系统允许销售、客服和产品等部门共享客户信息和沟通记录，确保各部门能够提供符合客户期望的服务。这种协作不仅提高了问题解决的效率，还避免了“信息孤岛”的现象，确保客户在与企业不同部门互动时获得一致的体验。例如，面对客户提出产品问题时，客服团队能够迅速与产品团队沟通，共同制订解决方案，并通过探迹 CRM 系统跟踪问题的解决进度，确保客户得到满意的答复。

第 3 章

chapter 3

可复制的 AI+ 销售四步法

人工智能不是一种技术，而是一种新的社会结构，它将重新定义我们与工作的关系、与他人的关系以及与生活的关系。

——凯文·凯利

《必然》作者

C 端互联网红利逐渐消退，消费降级现象明显，导致市场关注点逐渐转向 ToB 业务。ToB，即在企业业务中，以企业作为服务主体为企业客户提供平台、产品或服务并赚取利润的业务模式。与面向消费者的 ToC 模式相比，ToB 企业不仅需要深入了解行业趋势和技术发展，还要应对更长的销售周期、更复杂的决策过程以及更为激烈的市场竞争。

对于企业来说，增长至关重要，它不仅是企业生存和发展的基础，也是衡量企业成功的关键指标。对于 ToB 企业而言，渠道缺失导致的供需不匹配、优质线索的缺乏与服务人效低成了 ToB 企业脖颈上慢慢收紧的绳索。传统的营销方式的式微，倒逼着 ToB 企业从根本上进行调整革新。

AI 的发展不仅是技术的一次飞跃，而且改变了我们的工作方式、生活方式和思考方式。面对增长难题，越来越多的企业开始意识到利用 AI 技术来提高销售效率的重要性。

主动拓客：AI 实现线索主动挖掘

主动拓客：AI 实现线索主动挖掘

基于企业业绩增长的逻辑需要不断扩大线索量，这需要被动拓客（Inbound 线索）和主动拓客（Outbound 线索）两个方面的结合，通过成本投入，不断带来被动线索，更要通过主动出击，提高转化率。

Inbound 线索：被动拓客，智能吸引，高效转化

Inbound 线索，这个词可解释为“潜在客户主动表达兴趣或需求的线索”，通常源于企业的内容营销、社交媒体活动、搜索引擎优化等策略。企业依赖搜索广告、信息流广告、展会、短视频、电商平台等广泛渠道来吸引用户注意。例如，通过 1688、慧聪网等 B2B 电商平台，通过抖音、百度等渠道投放广告的方式，这些主动找过来的潜客转化率较高，是企业传统获客的重要方式。此外，随着电商平台从增量市场变为存量市场，企业单个新用户获取成本越来越贵，流量增速放缓，被动询盘机会越来越少，而费用将持续上涨。企业的流量高度依赖平台，也存在不可预测的经营风险，业务相对稳定性较低。

在人工智能的加持下，ToB 企业的 Inbound 线索也变得更加智能，通过

AI和大数据的挖掘，能够精准定位出潜在的目标客户，企业可以精准地对这些企业进行广告投放，甚至可以精准地定位到核心决策人群，告别广告投放的漫天撒网，使企业曝光更有效、转化更高效。

Outbound线索：主动拓客，智能挖掘，精准捕获

相较于Inbound线索的被动等待，Outbound线索的获取更强调主动出击，其内涵在于通过陌拜、电话销售等方式，直接挖掘并且触达潜在客户。然而，传统Outbound策略常因客户不精准、信息不准确、触达时机不当等问题，导致效率低下，甚至引起客户反感。AI大数据技术的应用，为Outbound线索的挖掘与利用开辟了新路径。利用大数据分析和预测模型，AI能够对海量市场数据进行深度挖掘，能够根据企业的客户画像，精准识别出企业的需求和购买意向，并且批量输出海量的潜在客户名单。有了这些精准商机名单，企业可以制定更加精准的营销策略，如定制化的邮件内容、个性化的电话脚本，甚至是通过智能外呼系统，实现自动化、大规模的潜在客户筛选与初步沟通，大大降低了人力成本，提高了销售团队的工作效率。

AI在Outbound线索管理中的作用同样不可忽视。通过智能CRM系统，AI能够自动记录每一次客户互动的细节，分析客户反馈，及时调整沟通策略，确保每一次触达都能精准匹配客户需求。同时，AI能够基于企业最新的动态，预测出客户的最佳联系时间，避免在不恰当的时候打扰客户，从而提升客户体验，增加成交机会。

拓客双管齐下，打破被动等待的局限，实现持续增长

在智能销售的时代，“被动拓客 + 主动拓客”应该双管齐下，才能实现业绩增长。随着电商平台和搜索平台流量越来越贵，企业广告成本居高不下，面对越来越激烈的竞争环境，企业不能只是被动等待客户上门、依赖现有客户，而是要迅速打破被动等待的局限，增加主动拓客的比重。

在 AI 时代，企业的主动拓客也变得越来越精准、越来越高效，再结合先进的销售团队管理和方法论，主动拓客不仅是企业降本增效，实现业绩增长的重要方法，也是要实现长期发展的必然选择。针对这种情况，探迹科技推出了业内首个 AI 智能销售拓客产品——探迹拓客。企业通过探迹拓客，就能通过“被动拓客+主动拓客”的双轮驱动，找到海量的目标客户，实现业绩突破。

探迹拓客依托大规模分布式爬虫引擎和先进的大数据算法，采集超 1.8 亿全量市场主体信息，构造了目前最全的企业知识图谱，深度解构商业连接关系，“2000+”细分行业高质量知识，“1.5 万 +”业务维度全方位展示企业信息，覆盖全国千行万业垂直领域数据。探迹结合沉浸多年的营销和销售专业经验，推出了探迹拓客，革新了企业传统被动的拓客方式，让企业可以真正实现精准的主动拓客。

探迹拓客是一个实时、ToB 的销售搜索引擎，企业不仅可以从中挖掘出精准的潜在客户，还可以自动推荐商机。在探迹拓客，企业可以在“1.5 万 +”业务维度中，根据自身的客户画像组合筛选条件，在“1.8 亿 +”全量市场主体中快速找到符合条件的潜在客户。

AI大模型迅速孵化拓客模式 助力千行百业增长

探迹拓客以“AI+大数据模式”，为企业提供了全新的拓客方式。探迹在具体服务中发现，不同行业的获客属性，会导致场景、客群、数据关注模块、时效性要求等有各种各样的需求，这要求必须深入拆解行业获客本质，才能有针对性地帮助不同行业解决客户难题。业绩增长四部曲见图3.1。

过去八年，探迹深入钻研通用制造、国际物流、工商财税、资质代办、知产美业、机械设备、食品调料、汽车配件、药品药械、办公设备等行业，沉淀了各行各业的专业知识，探迹以此作为训练源，为大模型训练配上行业专家知识，让大模型不仅懂营销和销售场景，还懂行业知识，推出了各个有针对性的行业版。

例如，探迹拓客制造业版，是专为制造业量身定制的一站式获客工具。“900万+”生产厂家、“1351万+”贸易渠道、“302万+”电商卖家、“1.7亿+”线下卖家等四大客群，轻松搜索，就能找到海量客户，帮助企业拓客不用愁。此外，还能查看验厂数据，厂房面积、员工人数、代工模式、生产流水线数量等情况，能知道工厂当前所在使用设备情况，更有VR看厂，全景查看工厂现场，了解工厂实力。

例如，苏州××仪器设备有限公司是一家专业生产实验室各种检测设备的国家高新技术企业，产品广泛应用于汽配、橡塑、五金、金属、紧固件、包材等行业。在传统制造业需求下滑的情况下，该公司利用探迹抓住新能源、电线电缆等行业市场需求井喷的机遇。

合作探迹 3 年，该公司利用探迹制造业版快速搜索到正在招聘检验员、实验室人员的企业。通过探迹企业查询，摸清工厂账期、月产值等基本情况，有效规避合作风险。随后，通过探迹 AI 机器人持续覆盖市场，有意向的客户便会被约上门拜访。找准痛点、日常运营朋友圈、反复触达……这一系列动作下来，上门拜访 1~2 次便能轻松成单。

尝试这种全新的拓客方式后，该公司团队拿到了令人惊喜的结果。他们成功地将合作的优质客户比例从 20% 提升到 30%，实现了 30% 的快速增长，迎来了销售和利润的双丰收。

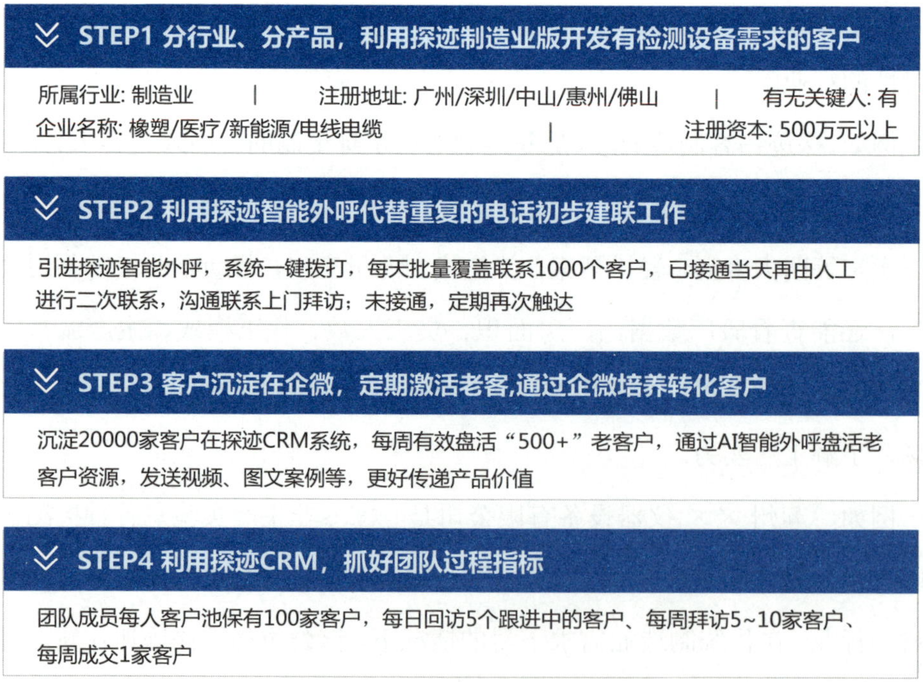

STEP1 分行业、分产品，利用探迹制造业版开发有检测设备需求的客户

所属行业: 制造业 | 注册地址: 广州/深圳/中山/惠州/佛山 | 有无关键人: 有
企业名称: 橡塑/医疗/新能源/电线电缆 | 注册资本: 500万元以上

STEP2 利用探迹智能外呼代替重复的电话初步建联工作

引进探迹智能外呼，系统一键拨打，每天批量覆盖联系1000个客户，已接通当天再由人工进行二次联系，沟通联系上门拜访；未接通，定期再次触达

STEP3 客户沉淀在企微，定期激活老客,通过企微培养转化客户

沉淀20000家客户在探迹CRM系统，每周有效盘活“500+”老客户，通过AI智能外呼盘活老客户资源，发送视频、图文案例等，更好传递产品价值

STEP4 利用探迹CRM，抓好团队过程指标

团队成员每人客户池保有100家客户，每日回访5个跟进中的客户、每周拜访5~10家客户、每周成交1家客户

图 3.1 业绩增长四部曲

东莞市 ×× 磁业科技有限公司是一家集生产、研发、销售为一体的钕铁硼稀土永磁材料技术企业。以往，该公司连产品可以卖给哪些下游行业都不知道，更不会知道哪里有增量。借助探迹拓客制造业版 900 万全量工厂，该公司开拓了电机、蓝牙耳机等制造商，还趁着市场需求的畅旺，开拓了无线充、光伏、新能源、儿童电话手表等行业，业绩从 1000 多万元突破到 5000 多万元。

在国际物流领域，探迹拓客物流版全面触达多个跨境电商客群，包括亚马逊、阿里巴巴国际站、速卖通和中国制造网国际站等优质电商客户一键触达。产品集中展示商品类目，主营产品，主营市场，厂房面积和网店平台。除此之外，还可以从工厂信息、跨境电商、人员招聘、外贸资质四个方面，帮助企业找出优质的客户。探迹不仅适用于传统国际物流企业，也适用于跨境物流企业，像 FBA 物流、美国专线、俄罗斯专线、墨西哥专线等物流企业。

深圳市 ×× 电商物流有限公司是一家定位于服务跨境电商卖家的物流服务商，他们对客户群体定位非常清晰，就是做欧美的跨境电商卖家，像工贸一体的外贸企业。通过探迹拓客国际物流版，该公司可以分产品类型、分站点国家开发亚马逊、Temu 这些大平台，直接找到各个产业带家具、美妆以及电子设备、光伏设备等跨境电商客群，还有客户入驻的跨境电商平台的产品、销量、店铺数量，像最近 3C 电子产品、家居产品出口量飙升，筛选对应产品的跨境卖家，比同行快一步锁定卖家关键人。

由此获取的精准的关键人信息，当地的销售可以很精准地去拜访客户，然后再想办法转化。仅仅在尝试半个月后，效果就大幅增强，公司甚至将试运营团队扩充至十几人，一个月后销售额已经突破千万元。

对于电子元件行业，探迹拓客电子元器件版，是业内首个电子元件专属的“AI+ 大数据”拓客平台。产品拥有“1000 万 +”内外贸工厂，“1000 万 +”渠道卖家，“2000 万 +”国内外及跨境电商卖家、“2.4 亿 +”线下店铺四大客群，借助 AI 大模型能力，助力电子元件企业轻松找到最佳客户。

聚芯 ××（深圳）控股集团有限公司创立于 2008 年，是一家半导体集成电路销售与服务的优秀供应商，过往通过各类论坛和行业网站上找客户，但是获客效果不佳。通过探迹电子元器件版，则可以直接筛选成立时间 1 年以上、年采购量在 500 万元以上的中型工厂客户或渠道客户。与探迹合作 2 年，实现业绩 2 倍增长，每月触达意向客户 10000+，人效提升 5 倍，储备了大量精准商机，顺利实现降本增效的年度目标。

对于知识产权行业，探迹拓客知产版则覆盖知识产权行业项目客群、专利客群、商标客群、转让客群、诉讼客群、职称客群六大客群方向，十八个细分客群，深度加工知识产权数据，可精准发现企业商机，并支持商标 / 专利 / 政策项目查询，快捷完成业务闭环。深度加工知识产权数据，精准发现企业商机，并支持商标 / 专利 / 政策查询，快捷完成业务闭环。

北京 ×× 知识产权代理有限公司是一家知识产权全产业链解决方案提供商。知识产权行业内卷严重，要跑赢同行，就必须专业同时专注，还要做好客户储备。通过探迹拓客知识产权版，该公司可定向开发有专利、商标、高企申办、案件纠纷等需求的北京本土客群，合作首月就成功储备大量跨行业的潜在客户。

在做稳传统知识产权业务基础上，该公司还不断细化服务，同时广泛开拓金融管理、企业建站、法律诉讼等延伸服务，借助探迹挖掘这些客单更高的增量市场。如今通过与探迹合作，该公司储备了大量精准商机，占据总线索的85%以上，平均单月带来意向客户300+，成单30+。

能动集客：私域留存，提高线索利用率

在智能销售的生态系统中，线索的获取仅是初步的胜利，如何将这些宝贵的线索转化为实际的销售业绩，才是企业最终追求的目标。能动集客，作为连接线索获取与成交转化的关键环节，其核心在于私域流量的有效留存与高效利用。

企业业绩的增长，很大程度上要来源于私域池客户线索的培育。私域流量，是指企业在自己的平台上积累的用户资源，包括微信公众号、小程序、App、社交媒体私信等渠道的用户。相较于公域流量，私域流量具有低成本、凝聚力强、用户黏性高等优势，是企业实现持续增长的重要基石。然而，私域流量的管理并非易事，如何精准识别用户需求、提供个性化服务、提高用户活跃度与转化率，是每个企业都面临的挑战。

SCRM 作为这一环节的重要工具，发挥着不可忽视的作用。SCRM 是社会化客户关系管理的简称，在客户管理的基础上，强调在企业与客户之间建立更紧密的关系，使客户资源得到有效沉淀。SCRM 能够整合客户数据，为营销人员提供深入的分析和洞察，从而制定更具针对性的营销策略，通过个性化的服务与精准化的营销策略，企业可以在私域内将客户转化为忠实客户。

而SCRM系统中AI技术的多层次辅助，为私域流量的管理与利用提供了更高效的解决方案。AI技术从客户洞察、策略制定到执行优化的全流程，显著改善了销售效率和效果。AI 拥有强大的数据分析能力，可以通过整合客户的来源信息、行为轨迹（例如广告入口、官网访问路径、浏览记录等）以及沟通记录（如聊天记录和电话内容）等信息。这些信息既能帮助销售人员更加精准地理解客户需求，还能根据客户的特定行为和状态，制定出个性化的跟进策略和营销话术，从而使沟通更加高效，转化率也得以明显提高。

同时，对于有初步意向的客户，AI技术还提供了AI接待的功能。AI接待能够承担大量的客户咨询工作，提供24/7无间断服务。借助自然语言处理等技术，AI不仅能理解用户问题，还能提供准确的答案和解决方案，自动化互动工具让企业能够更加高效地管理私域流量，并实时捕捉并应对客户需求，客户能够实时通过文字、语音、视频通话等方式，与企业代表进行即时互动，进一步明确需求与购买意向。

以探迹SCRM为例，作为一款专为企业设计的智能营销解决方案，通过整合大数据和人工智能技术，探迹SCRM能够帮助企业提高销售效率和业绩，通过活码、引流链接、任务裂变等功能，帮助企业高效聚客引流。这些工具突破了添加好友的限制，打破了流量引入的瓶颈，将客户统一沉淀到企业微信，成为企业裂变增长拓客的有力工具。探迹SCRM界面见图3.2。

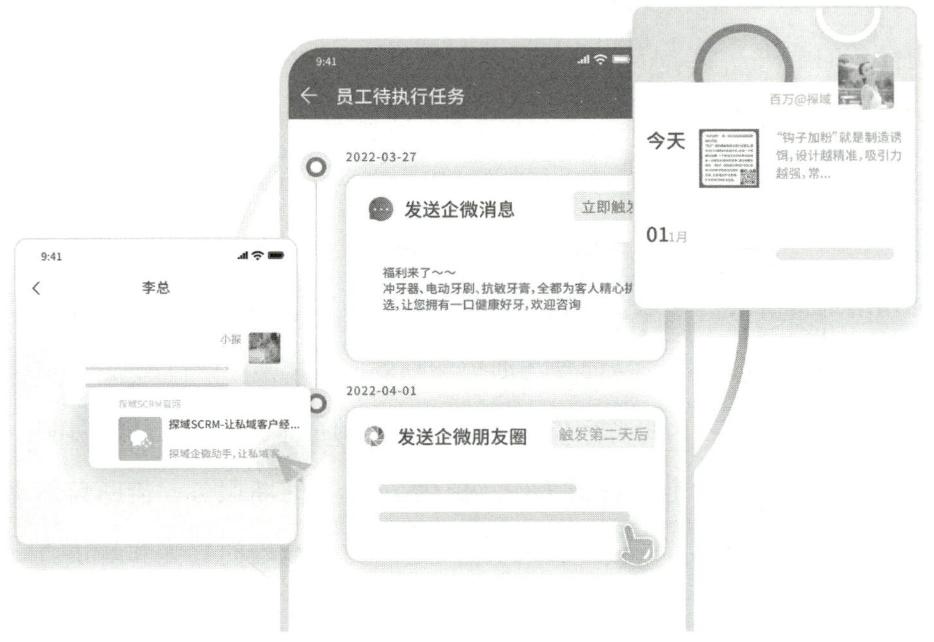

图 3.2 探迹 SCRM 界面

探迹 SCRM 拥有云短信、微信、线下拜访、智能呼叫等全渠道触达方式，有效减少用户线索流失，帮助企业实现客户线索的快速转化，建立起客户对企业的信任度。通过智能标签、自动化拉群等功能，探迹 SCRM 帮助企业统计客户信息，勾勒客户画像，记录客户行为全程轨迹，引导用户逐层转化，实现精准客户分层营销。根据不同业务场景，探迹 SCRM 提供群 SOP 和个人 SOP 功能，丰富的营销素材和工具传递产品价值，提高客户忠诚度，促进私域流量变现。

在私域流量管理中，数据驱动的决策支持与效果评估是持续优化策略、提高线索利用率的重要保障。AI 技术通过大数据分析，能够实时监测私域流量的运营状况，包括用户活跃度、转化率、客单价等关键指标，为决策者提供全面、准确的数据支持。同时，AI 还能够通过机器学习算法，自动分析营销活动的效果，识别出影响转化率的关键因素，为后续的策略优化提供科学依据。这种数据驱动的决策模式，不仅提高了决策的准确性与效率，还使私域流量的管理更加科学、合理。

Jeep 是美国的户外休闲品牌，定位于旅行户外服装、鞋类及装备。2022 年，Jeep 已着手私域流量管理，通过个微加粉和扫码入群的方式，建立微信客户群，用于做货品清仓活动和线下门店内购会宣传，品牌与消费者互动单一，用户来源零散。

为此，Jeep 引入探迹 SCRM 产品和私域运营团队。首先，根据品牌原有的男性消费者画像，探迹将 Jeep 私域人设设为年轻女性达人形象。昵称、头像均采用品牌女主播“香香”真实形象，个性签名和朋友圈背景围绕“专业户外”做打造。其次，采用短信和包裹卡引导抖音和天猫店铺用户进私域的方式进行运营。最后，助力 Jeep 开通小程序商城，以此形成“抖音、天猫引流—加企微—入群—引导注册商城—再次在商城购买”的私域变现闭环链路。引流界面见图 3.3。

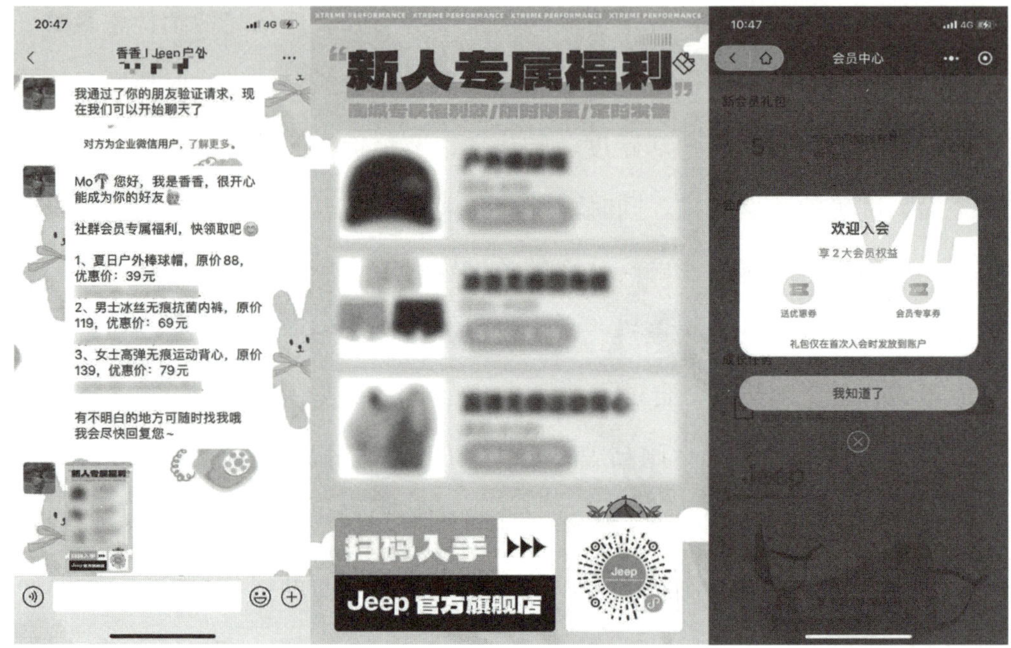

图 3.3 引流界面

此外，探迹帮助 Jeep 面向新、老客户组织了不同的互动活动和营销内容，以激活社群和用户，带动购买。对于用户，也会进行分层运营促进私域转化。新用户通过包裹卡和短信渠道添加“香香”会收到邀请加入会员的自动欢迎语、兑换礼品提醒，点击兑换礼品，会进入 Jeep 小程序商城，引导用户注册会员成功兑换礼品。其他渠道引来或裂变的新用户则会收到“香香”赠送的新人专属福利。针对老用户，Jeep 则利用节假日、会员日、周年庆、大促日及清仓送福利的形式在朋友圈和社群内同步进行 SOP 推送，以文字、图片和链接等多种形式呈现，刺激二次购买。

通过和探迹的合作，Jeep 从单一的、流动性强的社群流量变成了全域持续获客—长效运营—持续转化的私域闭环全链路运转体系，稳定地为品牌带来十万元左右的私域月营业额增收，也成功让 Jeep 围绕用户需求，借助新品、互动和福利活动等营销方式，积攒、运营大量的客户资源，在私域和这些客户资源产生更深层的链接，从原本单纯的销售产品转到以消费者为中心的精细化运营模式，推动品牌增长飞轮持续转动。

高效触达：智能工具，降本增效

在智能销售整体过程中，触达扮演着连接线索孵化与交易达成的关键角色。企业需倚仗 AI 技术，对营销、呼叫及广告投放策略进行智能化革新，在削减成本的同时，大幅度提升触达效能与转化成果。在数字经济浪潮中，企业竞争力的精髓就在于如何运用数据智能，驱动决策与执行的自动化与智能化进程。

营销自动化，作为高效触达策略中的先锋武器，其核心价值体现在利用 AI 技术，实现营销活动规划与执行的智能化转型。曾经，企业需手动操控营销活动的每一个环节，既耗时又费力，且精准度与成效难以保障。HubSpot 的一份调查报告指出，28% 的企业领导者已经发现 AI 可以帮助公司削减成本，91% 使用人工智能的客户代表表示，聊天机器人能够有效响应客户服务请求。

而今，诸如探迹、Marketo、HubSpot 等营销自动化平台，凭借 AI 算法，能自动剖析客户行为，预判购买倾向，并据此定制个性化营销方案。譬如，当 AI 侦测到某客户频繁访问某产品页面时，即可自动触发邮件营销，推送相关产品资讯或优惠，无须人工介入，即可精准触达目标，显著提高营销效率与转化率。此外，营销自动化还能实时追踪活动成效，通过 AB 测试等手段，持续优化策略，确保每一分营销投入都能换取最大化回报。

呼叫系统的智能化迭代，则是高效触达战略中的另一重要支柱。传统呼叫中心，依赖人工进行客户沟通与追踪，不仅人力成本高昂，且难以应对庞大的客户呼叫量。相比之下，智能呼叫系统，通过自然语言处理（NLP）与语音识别技术，能自主处理客户咨询、推荐产品，甚至完成简单的交易流程。这一智能化呼叫模式，提高了呼叫处理速度，削减了人力成本，使销售团队得以从繁重的呼叫任务中抽身，专注于更高价值的客户服务与关系培育。同时，智能呼叫系统还能实时记录并分析通话内容，为企业提供珍贵的客户反馈与市场洞察，助力策略优化与产品升级。

在数字广告领域，精准投放与效果评估一直是广告主最关心的问题。AI 技术的融入，为广告投放带来了颠覆性的变革。借助深度学习算法，AI 能分析用户的浏览轨迹、购买行为、兴趣偏好等多维度数据，构建精确的用户画像，并据此实现广告的个性化投放。

定向人群包，把广告投放到“刀刃上”

当下，微信与抖音等平台，借助其闭环生态与独特的推荐算法，在持续拓展用户规模的同时，也成为海量潜在客户的大流量池。当我们通过线索的收集，明确了需要投放广告或推广信息的人群，就可以针对投放群体制作内容，并借助自媒体平台准确投放给符合定向人群特征的受众，提高广告投放的精准度和效率，降低整体的广告成本。

探迹定向人群包就是探迹科技推出的一款专为 B 端广告投放设计的智能营销工具，它通过整合大数据和人工智能技术，帮助企业精准定位和触达目标企业群体，从而提高广告投放的效率。这一工具打通了探迹销售云全平台数据，使广告主能够在全网超过 1.8 亿的企业数据中挖掘新客户，同时，重新筛选已经联系过或者进入 CRM 的存量客户，灵活生成包含多个来源的企业客户人群包（如图 3.4 所示）。

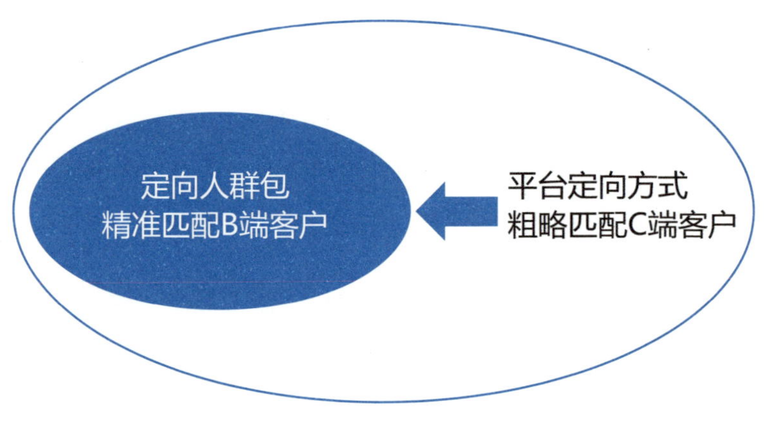

图 3.4 定向人群包示意图

定向人群包的主要优势在于其能够提高广告投放的精准度，通过精准定位特定人群，如某个行业、地区或关注特定类型业务的人群，过滤掉大量不相关的用户，从而提高广告投放的效率。此外，它还能降低广告成本，避免将大量预算投放到不相关的受众中，降低千次展现成本，提高转化率，降低整体广告成本。同时，针对特定人群投放的广告能够增加广告的接触机会和转化概率，因为广告信息与人群特征高度契合，更容易引起人群的共鸣和互动，产生更大的传播影响力。

探迹针对朋友圈、短视频投放中缺乏B端精准客群的问题而特别推出的智能营销方式，定向人群包能够精准触达企业客户的核心决策人群，让制造业ToB推广曝光更有效、转化更高效，只需少量投入，即可快速获取精准线索。

智能管理：AI+CRM 的智能管理新模式

要推动企业增长，新客户增量开发固然十分重要，但是老客户深挖复购也同样不可忽视。要同时实现新老客户的开发，就必须借助一款智能的 CRM 工具，以进行客户的智能管理。

探迹 CRM 是一款基于探迹独有的企业知识图谱优势，结合 AI 大模型打造的低代码营销型 CRM，为企业提供覆盖从营销线索到客户服务的全流程一站式解决方案，不仅能够帮助企业开发增量客户，还可以推动老客户的复购。

有别于传统的 CRM 产品，探迹 CRM 运用最新的 AI 技术，从线索来源、线索聚合、线索培养，到商机跟进及转化、合同履约，到最终的客户服务，覆盖了全生命周期业务流程。它可以提高每一个关键节点的效率，让营销管理更智能、销售管理更高效、服务管理更专业。

例如，在线索挖掘阶段，利用 AI 大模型技术，探迹 CRM 为企业提供智能推荐、潜客挖掘、市场洞察、客户绿化等服务，帮助企业智能拓展销售线索，不仅充分挖掘现有的客户资源，而且比你更懂得你想要的客户，能够智能推荐优质潜在客户。

在营销线索阶段，探迹 CRM 推出线索汇聚、相似客户裂变补充等功能，提高潜客获取、识别和转化效率；同时，搭建高度自动化的销售线索生成路径，快速输出高质量线索，不仅大量节省企业人力，还将销售成本集中到高价值的成单环节，显著提高线索转化率。

在销售管理环节，探迹CRM结合多模态大模型、检索增强生成（RAG）等先进技术，可以自动生成与客户沟通的电话总结，并且融入日志功能中，直接成为销售日志。这不仅让销售不再错漏每一通电话的重要内容，更节省写日志的时间，在方便销售的同时，也有助于管理者管理和资源协调。

探迹CRM提供拓客助手、营销触达、客户跟进、销售助手、服务工具等全系列插件，打造智能化、专业的销售全流程管理，提高销售跟进效率，助力成单转化。

借助人工智能技术，探迹CRM在线索挖掘、线索跟进与转化，智能分析和销售流程自动化的成果上得到较大提高，达成了“营销服一体化”的构想。这不但减轻使用者的工作量，提升工作便捷性，还增强使用者体验，让销售更加爱用。

“营销服一体化”的构想超越了技术与流程的简单重构，标志着企业战略思维的深层次变革。营销、销售与服务，这三个传统领域内各自为政的环节，在人工智能的强力驱动下，正逐步融合，向着无缝对接、高效协同的目标迈进，为企业构筑起前所未有的竞争优势与增长引擎。

服务领域正经历从被动响应向主动预见的转变，旨在构建无懈可击的客户体验。服务，作为销售环节的闭环与新征程的起点，其品质直接关乎客户满意度与忠诚度的建立。在“营销服一体化”框架下，人工智能的应用不再仅仅局限于加速服务响应，而是致力于实现服务的预见性定制与个性化呈现。通过深度学习与数据分析，AI 能够洞悉客户的行为模式与潜在需求，于客户未言之前，便已准备好解决方案或增值服务，实现服务的超前部署。

部门间壁垒正被逐一打破，内部协同得以强化。实现“营销服一体化”的关键，在于消除部门间的信息隔阂，确保数据、流程与人员的无缝对接。以探迹为例，探迹 CRM 让企业内外数据互联，打破“数据孤岛”，实现数字化升级。通过整合 CRM、ERP、营销自动化等系统，构建起统一的客户数据中心，使营销、销售与服务团队能够基于同一数据视角，协同作战，共同服务于客户的全生命周期。

这种高度协同的工作模式，有效减少了信息传递的滞后与失真，确保了客户体验的连贯性与一致性。当营销团队借助 AI 识别出潜在客户的兴趣点，并迅速传递给销售团队时，销售团队能即刻根据这些信息定制个性化的跟进策略；而服务团队则能在客户购买后，基于前期积累的数据，迅速响应客户的售后服务需求，形成闭环服务链条。

绿建 ×× 公司是一家服务于绿色建筑全产业链的国家级高新技术企业。通过使用探迹 CRM，该公司的销售团队轻松管理大批量客户，从存量客户中挖掘到新商机并实现转化。企业内部管理更有的放矢，实现数字化升级。

该公司在行业沉淀了 8 年，积累了上万家开发企业客户，以及 5 万家以上的设计院客户资源。这样庞大的客户线索数据，以往都是掌握在销售手中。“一个销售离职，就会把我们的客户资源一并带走。”该公司创始人表示。CRM 系统可以把该公司的所有客户数据累积下来，让客户真正受到保护。

同时，在以客户为中心的商业模式下，精细化的客户管理也成为转化的重要前提。特别是在绿色建筑领域，项目周期长，涉及决策人多，有了探迹CRM，该公司的销售犹如有了跟班导师，实时监督做好客户跟进，提高转化率。探迹 CRM 及工作台界面见图 3.5、图 3.6。

图 3.5 探迹 CRM

图 3.6 探迹 CRM 工作台界面

该公司把客户管理、销售管理、售后流程等核心环节都放到了探迹 CRM 上，实现业务流程的高效流转。在客户管理上，可以实现多种方式录入客户，智能跟进提醒商机。在销售管理上，可以沉淀销售跟进记录，清晰掌握工作成果。在流程管理上，可以全面数据指标管理，形成高效销售 SOP。探迹 CRM 客户详细界面见图 3.7。

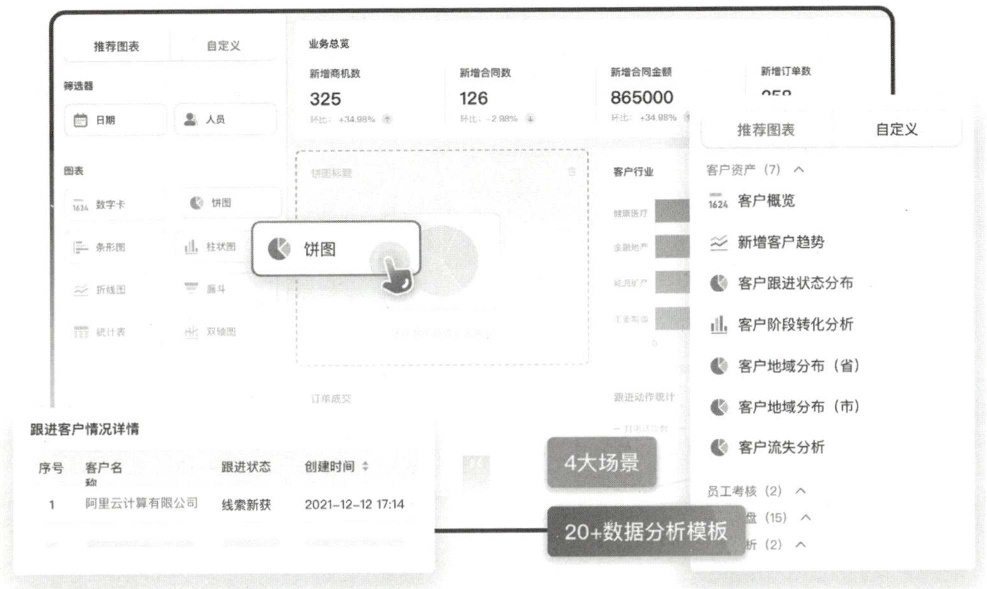

图 3.7 探迹 CRM 客户详情界面

使用探迹 CRM 后，该公司不断产出新单，不断挖掘到的新增量，投入产出比令人欣喜。

第 4 章

chapter 4

拥抱 AI 前沿科技

人工智能不只关乎工程师，它正在改变商业的格局，我们必须适应，否则就会消亡。

——萨提亚·纳德拉（Satya'Nadella）

微软 CEO

搭乘AI“加速度”

高质量获客已发展为“技术竞争”

AI技术的应用已经将竞争推向了一个新的高度——企业借助AI的分析、处理和决策能力，以实现精准获客、智能营销和客户关系管理。

通过大数据和AI技术，企业的工商信息、经营状况、产品信息甚至潜在需求等关键信息，都能够以一个个标签的形式进行采集与记录。借助更具体的AI产品，企业能够更精准地从海量用户中识别目标客户，从而实现高质量获客。AI技术通过个性化推荐和智能营销等方式，使营销活动更加精准化、智能化和自动化。

同样，AI技术也为客户服务的提升带来了突破性的发展，最常见的例子就是各种在线客服。利用AI技术，不仅能够做到24小时随时快速响应，而且应对能力也几乎接近真人的水平，而不是简简单单地识别关键词，而且能够很好地引导客户。

AI大模型的席卷，更是将这场竞争提高到一个更高的水平。AI大模型正以超乎想象的速度商业化落地，加速赋能千行百业。各种专注于特定行业或应用领域的垂直大模型应运而生，他们通过在特定领域的专业数据集上进行训练，以适应特定业务需求，表现出更高的精度和深度。例如，探迹科技推出了业内首个销售大模型产品——探迹 SalesGPT。探迹 SalesGPT 运用 AI 大模型，对企业线索挖掘、商机触达、营销、客户管理等 ToB 企业销售场景，不断进行功能价值挖掘，以一种更加高效、智能和简单的方式，帮助企业提高销售效率。

AI 正在重塑产品、流量及变现

AI 技术不仅改变了企业获取客户的方式，更重要的是，它正在重塑产品开发、流量获取和变现的整个流程。

以视频平台为例，视频拍摄、剪辑以及后期制作，都需要有专业的团队、专业的设备来完成。想要制作一段能够商用的视频作品，对于大部分人而言都是相当费工费时的事情。相较于高昂的拍摄成本，很多时候人们需要的，只是一个“森林的场景”或者“一段某个人跳舞的视频”这样简单的内容。

而 OpenAI Sora 视频大模型则为我们展示了 AI 在视频内容生成方面的强大能力。Sora 能够根据文本提示词生成连贯的视频内容，这在广告、娱乐和教育等多个领域都有广泛的应用前景。例如，Sora 可以根据提示词“一位时尚女性走在布满霓虹灯的东京街道上”，生成具有多个角色、特定类型的运动以及主体和背景的准确细节的复杂场景视频。这不仅提高了内容生产的效率，也为内容创作者提供了新的创作工具和变现途径。

B端企业同样可以借用AI力量做好视频营销，降低内部营销支出和市场人力成本。例如，钢材制造商通过AI技术生成针对产品的传播内容，结合受众群体的观看习惯、年龄层级提取有用的信息，进而为不同目标群体量身定做不同类型的传播视频，实现个性化营销。

在流量获取方面，AI通过个性化推荐和智能营销提高用户的参与度和转化率。抖音的智能推荐算法就是一个很好的例子。在抖音上，用户可以尽情上传短视频，几乎不限内容。视频可以包含有情节的故事、喜剧、舞蹈表演和其他才艺展示。对观看的用户来说，不需要搜索自己想看的内容，只要滑一滑，看几个视频，程序就会自动锁定你喜欢看的内容，然后为你推送类似的视频。它通过分析用户的社交行为、使用习惯和时间偏好，结合深度学习模型，进行多维度的数据融合和建模，从而精准预测用户的兴趣偏好和内容需求，提供个性化的内容推荐。

AI可以帮助分析用户数据，实现精准营销，提高广告投放的ROI。AI驱动的内容推荐系统可以向用户推荐他们可能感兴趣的内容，增加用户参与度和停留时间。AI可以分析社交媒体趋势，帮助企业更好地理解和参与对话，吸引更多关注。AI还可以分析搜索引擎的算法变化，优化网站内容，提高搜索引擎排名。

AI技术的发展不仅改变了产品、流量和变现的方式，还促进了这些领域的融合。通过AI分析用户数据，企业可以开发更符合市场需求的产品，同时利用这些数据来优化广告投放和提高转化率。此外，AI还可以帮助企业更好地理解用户行为，从而在产品开发、流量获取和变现策略之间建立更紧密的联系。

智能营销 4.0 时代已经到来

被誉为“现代营销学之父”的菲利普·科特勒（Philip Kotler）曾在一次访谈中表示，新的互联网环境彻底重塑了商业的基本面貌：从生活、消费、工作、管理、媒体、营销等方面，今天的商业生态与五年前的信息经济发生了质的变化。（如图 4.1 所示）

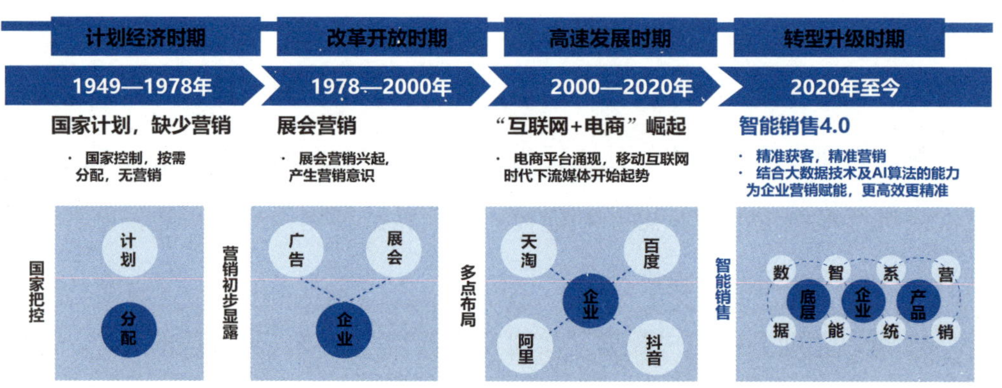

图 4.1 B2B 发展历程智能营销 4.0 新趋势

移动互联网的高速发展，推动了企业营销布局的变革。由之前的线下集群运营，升级为通过精准的客群分析后，智能触达客户，同时在营销侧定向投放至客户端。针对未开发领域的潜在客户，以智能算法为制造业销售拓宽新客群。

对于国内的 ToB 企业而言，营销的发展可以划分为四个阶段，第一个时代（新中国成立至改革开放前）可以称作营销 1.0 时代，这时虽然存在基本的销售行为，但商品分配由国家计划，缺少营销。这时的市场基本上是卖方市场，商品种类较稀少，消费者一般没有太多选择。

20世纪80年代至2000年，随着市场经济的发展，营销意识逐渐被人们重视，展会营销兴起，ToB企业基本通过广告与展会这两种渠道进行营销，此时可以称为营销2.0时代。

2000年至2020年，随着互联网和电商的高速崛起，ToB企业也进入了营销3.0时代。互联网的高速发展，天猫、淘宝等电商平台与流媒体逐步成为实现销售增长的重要渠道，反向推动ToB企业多点布局。

2020年至今，以互动、大数据、社群为基础的智能营销4.0时代已经到来。移动互联网的高速发展，推动了企业营销布局的变革。由之前的线下集群运营，升级为通过精准的客群分析后，智能触达客户，同时在营销侧定向投放至客户端。针对未开发领域的潜在客户，以智能算法为制造业销售拓宽新客群。

以ToB销售为例，通过深度学习算法，AI能够通过企业的工商信息、产品历史、业务关系等多维度数据，分析出企业的业务需求，上下游企业关系链。企业合理利用这些信息，就能够使得营销活动更加精准、高效。

降本增效是技术为企业赋能的直接体现，也是衡量技术应用成效的重要标尺。在营销领域，AI通过自动化流程、优化资源配置、提高决策效率等方式，为企业节省了大量成本，同时提高了营销活动的投入产出比。在传统广告模式下，企业往往需要依赖人工进行市场调研、目标受众分析、广告创意设计等一系列复杂工作，不仅耗时长，而且效果难以准确预测。AI

的介入，彻底改变了这一状况。通过机器学习算法，AI 能够自动分析市场趋势，精准定位目标受众，甚至根据用户反馈动态调整广告内容，实现广告的个性化投放。这一过程中，AI 不仅大幅缩短了广告投放周期，降低了人力成本，更重要的是，它使广告效果更加可衡量。企业可以根据实时数据反馈，灵活调整营销策略，确保每一分投入都能获得最大回报。此外，AI 在客户服务领域可部署自然语言处理技术和智能语音识别技术，令 AI 客服能够 24 小时不间断地处理用户咨询，解决常见问题。AI 能根据用户情绪，智能调节回复策略，提供更加人性化的服务体验，释放了大量人力资源，进一步提升用户满意度和忠诚度。

AI 大模型重塑企业销售

AI 大模型重塑企业销售

探迹 SalesGPT：业内首个销售大模型产品探迹

人工智能改变生活的方方面面，也颠覆着千行万业。在所有的行业都值得被 AI 重做一遍的背景下，各种行业模型产品也不断诞生。探迹 SalesGPT 的推出，正在不断重塑 ToB 企业的销售端。

探迹 SalesGPT 结合自身全量知识图谱，将多模态大模型、检索增强生成（RAG）等先进技术，应用于企业销售场景中，帮助企业以简单的对话方式找到客户，帮助企业利用大模型生成营销短视频、销售话术等内容，为企业提供一种全新的智能销售体验（如图 4.2 所示）。

图 4.2 探迹 SalesGPT

1. 以对话的方式帮助企业快速找到目标客户

在企业传统的获客场景中，无论是通过线下地推、展会、陌拜等方式，还是通过互联网投流、搜索引擎搜索等线上方式，都存在效率低下、成本高、不够精准等问题。探迹 SalesGPT 基于探迹企业知识图谱，结合大规模训练，能够通过对话的方式，帮助企业快速高效地找到目标客户。

例如，你是一家国际物流企业，企业只需要与探迹 SalesGPT 对话，只需要输入“我想找有 ebay、亚马逊、阿里国际站运营的，出口到东南亚的中大型外贸企业，要有关键人”的关键字眼，探迹 SalesGPT 就能根据描述，调用并且分析后台成千上万的标签组，瞬间帮你找出你想要的客户。

2. 让你省心省力地与客户高效沟通

在传统销售场景中，与客户沟通是一件至关重要又占用时间的事情。尤其当你获取了批量目标客户后，需要一个个去沟通确认对方的需求与意向。这时候，探迹 SalesGPT 则能够化身千万个销冠，帮你逐一沟通确认。企业只需要输入企业主要的产品和服务，探迹 SalesGPT 就能智能生成一条条销售话术，帮你逐一对接客户。

经过前期第一轮筛选后，面对一些合作意向高的客户，企业一般通过人力来进一步沟通约谈。这时候探迹 SalesGPT 就会化身贴心的小助理，帮你随时记录通话内容，摘录关键信息，让你不遗漏任何与客户沟通的内容。

3. 一键生成营销视频，帮你把广告定向投放给目标客户看

短视频成为如今企业营销的重要阵地，如何在这一巨大的流量池中分一杯羹，成为企业思考的一大难题。探迹 SalesGPT 利用多模态能力，能够将企业简单的文案和图片 / 视频素材，一键生成可以营销的视频素材，文案、配音、音乐、画面等内容一应俱全。

探迹 SalesGPT 还能根据企业的客户画像，生成目标人群包，企业只需要针对这些目标人群做精准的投放，就能省心省力地将广告投放给他们看，让营销成本大幅下降。

作为业内首个营销销售大模型产品，探迹 SalesGPT 为企业营销和销售提供一种更加简易、高效的工作方式，让营销和销售人员人手一个专属的 AI 助理。

探迹 SalesGBN：连接全球产业链上下游的 AI 数据图谱

探迹 SalesGBN，探迹企业知识图谱深度整合沉淀多年的专业知识，广泛而详细地梳理出全球各市场主体的产业链上下游关系，由此构建出的一个以产业链上下游为核心的 AI 数据图谱。

探迹 SalesGBN 涵盖了 20 亿商品数据，并由此延伸出“40 万亿 +”产品关系对，基于这个数据量级和能力，它能有效解决以下企业获客难题，颠覆性地提升获客效能。

1. 企业产品适配面很广，很难找全目标客户

有部分制造业企业，生产的产品适配面非常广，例如生物质燃料这一产品，适用于食品、工业、农业、建筑业、金属，也可以应用于皮革、毛织等日常用品中。这些企业过往可能习惯在食品或者工业领域中寻找目标客户，而不知道其他领域也对其生物质燃料有需求。通过探迹 SalesGBN，则可以发现，这一类产品其实也可以用于电镀、稀土等金属行业中。

这时候，通过输入主营产品，它就能智能分析下游产品，帮你匹配出精准的目标客户，甚至还可以挖掘出很多你意想不到的行业客户。

2. 产品种类细分繁多，很难定位目标客户

有些企业生产的产品种类分支很多，比如芯片行业，每种芯片的产品型号很多，不同的型号对应不同的客户，靠人工很难把不同型号芯片的客户全部精准识别出来。通过探迹 SalesGBN，只需要输入产品型号，例如输入 XC6SLX45-3CSG3241，界面就会弹出对这个芯片的介绍，以及该芯片适应于哪

些产品，目前哪些企业可能会需要用到这款芯片。让你对自己的产品以及客户信息，有了一目了然的认知，也让你在拓客过程中，清楚知道对方的需求。

3. 销售团队中新人比较多，需要快速了解产品业务及上下游知识

在销售团队中，如果有比较多的销售新人，新人很难一下子对产品及客户画像足够清晰，会影响销售业绩和效能。这时候只要通过探迹 SalesGBN，就可以快速地了解到产品信息以及对应的客户画像，为企业节省培训成本。只需要输入具体的产品名称和产品型号，探迹 SalesGBN 就会清晰地介绍该产品，并且该产品目前在市场上的价位区间也作清晰地呈现。此外，还会清晰地罗列出有可能会用到该产品的企业，并且清晰地介绍该产品可以适用于该企业的什么产品，会有何作用。这样不仅让新人销售可以快速了解自身产品和市场信息，连销售话术也有了清晰的指引。

更智能的探迹 CRM：为企业奠定强大的系统底座能力

结合多模态大模型、RAG 技术，结合 1.8 亿家企业的全量知识图谱，探迹推出了一个更智能的 CRM 平台，为企业提供更智能、更强大的系统底座能力。探迹 CRM 营销界面见图 4.3。

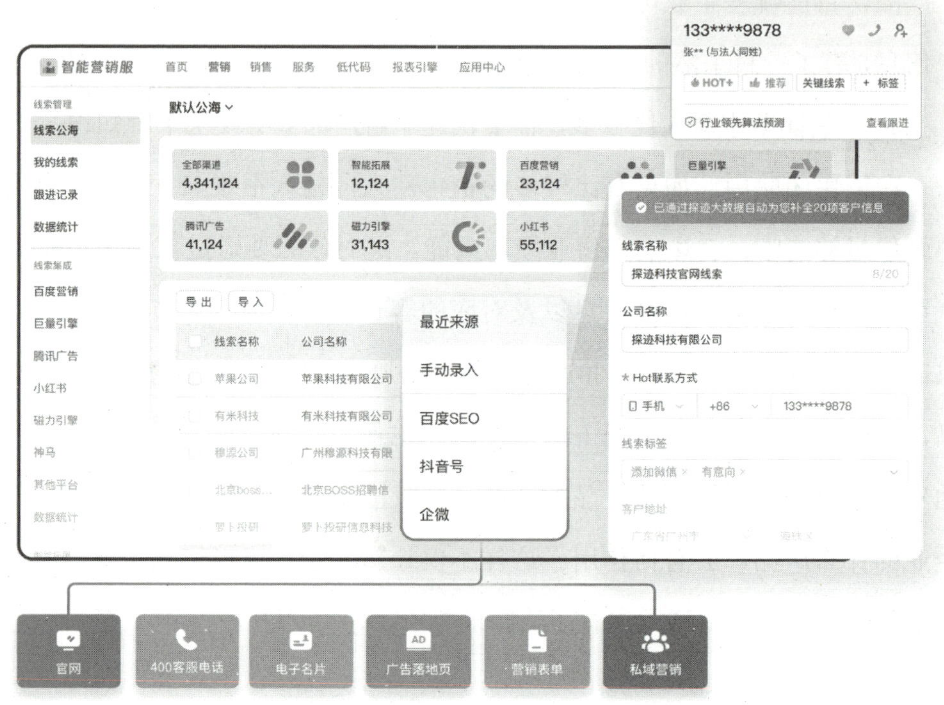

图 4.3 探迹 CRM 营销界面

1. 流程引擎，灵活的自定义流程管理平台

通过流程引擎，企业能够及时地响应与满足组织中各部门数字化创新需求，各部门的线上流程管理都可快速响应，而且还可以可视化灵活搭建业务表单，有非常丰富的控件可以支持表单自定义设计，能够适配企业个性化需求，从而实现流程体系化管理，提高流程合规和风险管控能力，让流程执行更透明。

在企业运营中，通常会有市场销售、生产研发、供应采购、售后服务、财务报销等多个业务部门，而这些部门的协作也是非常重要。探迹CRM高效集成市场销售—生产研发—供应采购—售后服务—财务报销等业务流程，实现端到端的业务闭环，解决业务流程割裂困境。

例如，在市场销售流程中，支持市场人员发起新线索，并流转分配给到具体业务员进行跟进转化。在财务报销流程中，业务员可以关联已审批的出差申请进行差旅报销，及时通知到财务，财务根据关联申请进行快速审批。

探迹CRM沉淀业务管理专业信息，支持专属定制，让百行千业客户管理更高效。

2. 报表引擎，一站式企业经营业务数据分析平台

企业业务全流程全面线上化后，企业管理者常常面临难以直观掌握业务数据的难题。探迹CRM支持连接多种数据源，实现自动采集、汇总，构建企业数据资产池。此外，采用Excel的便捷交互方式，支持灵活的数据加工以及可视化图表呈现能力，助力企业轻松处理复杂的报表。

据此，企业可以轻松搭建各业务管理层级所需各种报表，应对不同业务层级的需求。同时，还支持灵活数据下载、数据报表更新、预警实时提醒，每时每刻都看到企业数据全貌。

3. 分析引擎，企业专属AI数据分析师

这是一个AI分析引擎，支持跨系统多数据源分析，灵活多指标管理与调试，轻松构建不同部门管理层级的核心指标体系。自动识别影响业务指标数据变化的因素，量化各因素影响力度，深层挖掘，大幅提高利用数据辅助决策的效率。分析结论订阅与推送高效管理，可定期生成结论，并自动推送给

相关人员，数智化助力企业高效决策。

4. 问答引擎，企业专属问答智能体

在快节奏的工作环境中，员工常常面临很多问题需要解决，探迹 CRM 利用多模态大模型技术，只需要输入问题，AI 就能够在企业垂直的数据库中，自动分析，找出专业的符合工作场景的专属答案。

这是探迹利用先进的自然语言处理技术，迅速构建企业知识库，通过多轮对话，复杂问题也能轻松解决。更重要的是，它能根据你的偏好，提供个性化的答案和建议 ，让知识触手可及。

AI+ 行业，为千行百业提供数字化经营方案

除了这些标准化的产品，探迹也推出一些针对特定行业的数字化经营方案，帮助千行百业实现业绩增长。

大数据助力金融数字化营销

大数据已经成为金融领域不可或缺的战略资源，尤其在金融数字化营销中扮演着至关重要的角色。大数据技术的应用，使金融机构能够更精准地理解客户需求，优化营销策略，提升客户体验，并最终实现业务增长。

大数据技术通过整合和分析海量的客户数据，帮助金融机构构建起以客户为中心的数据平台。这样的平台能够全方位收集和处理数据，为营销决策提供准确的数据基础和分析系统。以探迹掘金系统为例，客户数据平台能够整合来自不同渠道的数据，提供多种企业的榜单信息，为金融机构提供 360 度的客户视图，使营销活动更加个性化和精准。

金融机构可以利用大数据技术进行客户画像的确定。通过汇聚多源客户数据，如交易记录、网页浏览和社交活动等，金融机构能够深入挖掘客户的

行为属性和消费偏好，精准描绘客户画像。并通过地图拓客和楼盘拓客等工具，提高线上线下拓客效率。

此外，大数据还助力金融机构优化精准营销内容和渠道。通过深入挖掘客户的兴趣爱好、消费习惯和交易行为数据，金融机构可以精准定制个性化的金融营销内容，并根据客户的个性化特征和偏好，选择最适合的传播方式，提高营销信息的覆盖率和影响力。

在加强精准营销过程监控方面，大数据技术也发挥着重要作用。借助探迹掘金系统，金融机构可以实时监测企业的投融资等商机动态，以及客户在不同渠道上对营销内容的反应，及时调整策略，优化营销效果。当客户出现经营或法律风险时，金融机构也可以及时掌握最新情况。

大数据技术在金融数字化营销的精准拓客、智能营销、客户管理和风险洞察等方面发挥着重要作用，不仅提高了营销的精准度和效率、增强了客户体验和满意度，同时也强化了金融机构的风险管理能力。

产业数据助力园区产业招商

产业兴则经济强，产业优则动能足。探迹产业数据云是一个领先的产业大数据平台，为政府部门、产业载体、龙头企业等提供了以实现产业数智化综合治理、产业地产精准招商、产业智慧化管理的解决方案。

探迹产业数据云通过产业链引擎、城市产业大脑、智慧政策引擎、产业人才专家库、高质产业招商库、区域企业发展管理平台、项目量化管理平台等标准模块及灵活的“产业增值服务”组合，打造成为城市产业大脑平台。它能够帮助政府精准定位目标企业，快速搭建产业链，助力产业协同化发展，高效赋能中国产业数字化发展。

探迹长期在复杂的销售场景深耕，利用数据智能的方法解决 ToB 企业的销售难题，目前已经服务客户超 40000 家，遍布 20 多个行业。探迹利用先进的技术和行业经验，构建了一个丰富的数据底座，同时还给这些数据打上标签，让用户能够在海量的数据中找到自己的目标企业。经过多个行业的锤炼打磨，探迹逐渐形成了一套成熟的数据体系和行业打法。

在政府产业数智化治理方面，探迹产业数据云利用大数据和人工智能技术，赋能政府行业的多样化应用场景，提供智能产业链构建、政策查询及分析平台、区域内企业监管、城市招商及项目管理等解决方案。这些解决方案不仅提高了政府治理的效率，还增强了政府对产业发展的洞察力和调控能力。

在产业精准招商方面，探迹产业数据云以产业链招商为核心，通过产业链图谱、产业精准招商、高质招商资源池、龙头上下游招商、专家团队招商等产品和服务，构建数智化招商系统，全面助力区域产业集群化发展。这一系统不仅提高了招商的精准度和效率，还为区域产业集群化发展提供了强有力的支持。

在产业智慧管理方面，探迹产业数据云通过提供招商客资管理、项目资产管理、产业空间管理、招商风险管理等产品和服务，实现产业项目数字化全流程管理，高效提升区域产业运营软实力。这些服务使产业管理更加智能化、精细化，提高了产业运营的效率。

探迹产业数据云的推出，不仅为政府和企业提供了一个强大的数据支持平台，还为产业数字化转型提供了一个全面的整体解决方案。目前，探迹产业数据云已经成功服务越秀地产、实创亿达等企业以及一些地方政府。

第 5 章

chapter 5

搭建强有力的增长团队

人才是团队最宝贵的资源，而培养人才，就是点燃团队未来的火种。

——杰克·韦尔奇（Jack Welch）《赢》作者

通用电气公司（GE）前董事长兼 CEO

以人工智能为代表的新技术，正推动商业世界的广泛变革，它不仅改变了我们工作的方式，还重塑了企业的运营模式和市场的竞争格局。然而，技术的先进性并不自动转化为商业的成功。越是先进的技术，就越需要高素质的人来使用和驾驭，才能最大限度地开发其商业潜能。

对于企业而言，技术的先进性是一把“双刃剑”。一方面，它为企业提供了前所未有的机遇，比如通过机器学习优化决策过程，或者利用自然语言处理改善客户体验；另一方面，技术的复杂性和快速发展也对员工的技能提出了更高的要求。因此，企业要想在激烈的市场竞争中保持持续增长，吸引和留住人才变得至关重要。对于 ToB 企业来说，销售团队的搭建是至关重要的，它直接影响到企业的业绩和市场竞争力。一个高效、专业的销售团队能够精准地识别目标客户群体，制定出符合市场需求的销售策略，并通过有效的沟通和谈判技巧，将潜在客户转化为实际的购买者。此外，销售团队还承担着收集市场信息、反馈客户意见、维护客户关系等多重角色，这些都是企业在激烈的市场竞争中保持领先地位的重要因素。

选择合适的销售行军模式

三军协同，打赢销售硬仗

很多管理者喜欢把管理销售比喻为指挥一支军队，海军、陆军、空军三军齐发，共同织就一张覆盖海陆空的作战体系。而企业要想在销售战场上屡战屡胜，就必须打造一个既坚固又灵活的销售体系，渠道销售、直销团队与电销团队正是这个体系中的重要组成部分。

“海军”象征着渠道销售，它的任务是建立起一个强大的分销网络。这不仅是寻找合作伙伴那么简单，更是一场关于信任与共赢的游戏。企业用心培养每一位合作伙伴，共同设计激励政策，提供无微不至的培训与支持，同时不断监控和评估，确保合作伙伴如同海上的航船，乘风破浪，驶向更广阔的市场。

“陆军”代表着直销团队，他们是地面上的精锐部队。企业精心打造这支团队，优化直销流程，使之如同精密的战车，高效而有力。同时，对团队成员进行定期的培训，提升他们的专业能力，同时实施绩效管理系统，激发他们的工作热情，让每一次直销都充满力量。

“空军”是拥有空中打击能力的电销团队，同时也有覆盖广泛与精准触达的特征。企业建立或优化电销中心，制定精准的电销策略，运用数据分析工具监控和分析效果，同时利用技术工具提高效率。电销团队如同空中的雄鹰，迅速而敏捷，让销售信息精准触达每一位潜在客户（三种销售模式对比分析见表 5.1）。

表 5.1 三种销售模式对比分析表

销售模式	优势	劣势	机会	威胁
“海军”：渠道模式	合作伙伴有存量客户 或互补业务	对合作伙伴的能力、 资源把控要求高	利于市场的快速铺盖	实现本地化服务 受限于伙伴能力
“陆军”：直销模式	可直接触达KP 面访销售转化率高	对销售个人能力要求较高 培育周期长	深耕市场 本地化服务 客户信任度高	市场范围小 有区域限制
“空军”：电销模式 IS+OS	专人专项，分工明确快 体系化管理，培养周期快	团队配置门槛高 对主管要求高	利于市场的铺盖 销售效率高	不同角色服务于客户 易出现信息不一致 导致客户信任度下降

然而，真正的胜利不仅在于单一销售模式的强大，更在于三军的协同作战。我们强调信息共享、协同营销、资源整合以及风险管理。这样的协同作战能够让我们的销售活动更加高效，同时也确保了销售体系的稳定性，无论遇到何种风浪，我们都能稳如泰山。

搭建销冠团队："选""育""用""留""汰"

"选"：精准识别人才

在构建销售冠军团队的过程中，精准选拔人才是至关重要的第一步。德鲁克曾主张："招聘比培训更重要，因为培训只能提升已有员工的技能，而招聘则能直接引入新鲜血液和新的可能性。"

从人力资源管理的角度而言，"选择大于努力"无疑是至理名言。选对人比培养人更重要，在这一点上很多中小企业是有共识的。新员工加入后，企业需要在前期进行培训，并协助员工熟悉公司业务。如果在招聘环节就没有选对合适的人才，那么新员工很可能在成为有效"战力"之前就流失了，随之而来的不仅是招聘与培训成本的浪费，对负责新员工的业务骨干与团队士气的影响，也不可小觑。

通常我们在招聘面试过程中所定义的选对人，意味着能力符合要求，找一个看上去热情积极上进的员工很容易，但如果想找到一个真正适合某个岗位的员工，就不能仅靠表象就下判断。

企业在招聘时，往往会根据岗位和业务建立新员工的"能力画像"，但仅根据资历与技能要求找到的员工，实际工作时却经常出现糟心的状况：扯皮、推诿、甩锅、数据作假等，这并非员工的工作能力问题，根源还是一个人对待工作的品质与内驱力。很多时候，招聘者并没有将员工的画像细化到这一层级（如图 5.1 所示）。

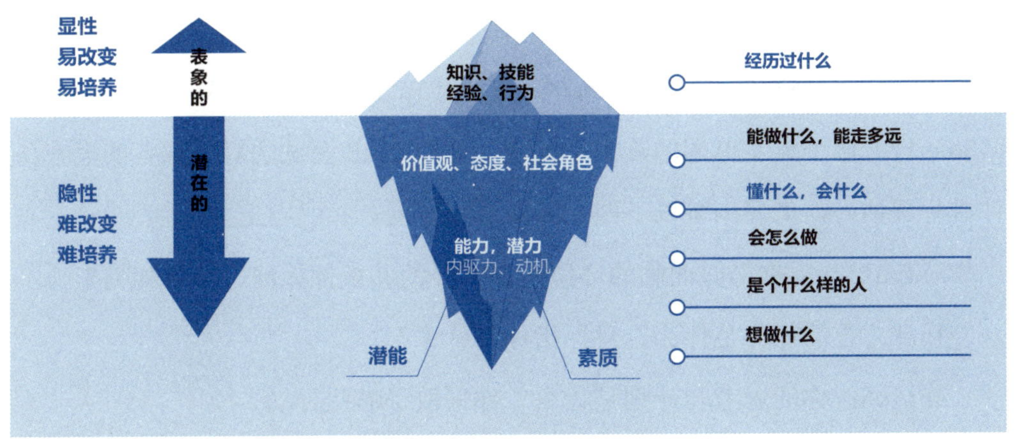

图 5.1 人才画像冰山图

在人才画像中，表面的条件相对比较容易分辨，但个人的品质与内驱力的强弱，作为潜在特征是相对较难进行评估的，但它潜移默化地影响着个人乃至整个团队的状态。

就个人品质而言，以下四点非常重要，需要在选人环节重点把关：实事求是、责任心、抗压性以及自驱力。实事求是是做好一切工作的基础；责任心可以理解为目标导向；抗压性保证在通往目标的过程中，不会轻易放弃；自驱力是实现这个目标的动力，也是个人成长、能力提升的动力，对于招聘销售人员而言，自驱力是不可或缺的。如果一位销售自驱力不够，每天都要被鼓励和安慰才能够向前，在面对客户拒绝和挑战的时候，很难做长久，在团队中也容易形成互相抱怨的氛围。

但是，与工作经历这种表面的条件不同，想要实现对应聘者潜在条件的考察与评估，还需要一些特别的方法，其中，“STAR 面试法”是应用范围较为广泛的一种。

“STAR”是背景（Situation）、任务（Task）、行动（Action）和结果（Result）四个英文单词的首字母组合。使用 STAR 面试法对面试者的潜在条件进行评估时，需要围绕以下四个方面进行提问。

Situation：你当时面临的环境是怎么样的？条件如何？情景如何？

Task：你的任务是什么？目标指标是什么？

Action：你的思考和计划是什么？你采取了哪些行动？

Result：你取得了什么成果？与竞品相比如何？与同事相比如何？为什么？

根据不同的人才画像，我们可以调整上面这些问题的内容，虽然得到的答案只是应试者对于自身经历的概括，但也已经足够间接体现出其潜在条件了。举例来说，如果我们想要评估上面提到的实事求是、责任心、抗压性以及自驱力这几项条件的话，就可以这样提问：

实事求是：说一件让你自己觉得最糟心 / 最委屈的经历。

责任心：你觉得自己在上一份工作中，哪一件事情干得最漂亮 / 让你最有成就感？哪件事情现在想起来觉得自己当时干得并不完美，可以有更好的改进？

自驱力：你通常下班之后会做些什么？（如果说了读书，继续追问最近在读什么书，有什么印象深刻的观点可以分享）

抗压性：这两年里让你感到最焦虑的一件事情是什么？

“育”：绘制成长地图，搭建人才培养体系

选拔出潜力人才后，如何培育他们成为销售精英，则是团队建设中的另一大挑战。培训的目的是支撑战略和业务的实现，并在未来促进组织和个人的发展。一套完整的成长地图和系统工具，是企业建设人才培养体系的首要之务。

成长地图是一种职业发展工具，它通过为员工提供清晰的职业路径和能力提升规划，帮助他们预见并实现个人成长，同时促进企业业务发展和高绩效，实现员工、培训和业务的三方共赢。

以探迹的销售岗位为例，探迹根据员工成长过程中的不同状态与需求，划分了几个销售培训需求节点，并设计了每个培训节点的内容。

1. 刚入职员工

现状：小白，对公司和产品不熟悉。

目标：提升公司认同感和归属感，掌握产品基础知识，初步懂得如何售卖产品。

培训内容：企业文化、公司制度、产品知识、产品亮点与价值、销售话

术与演练等。

2. 入职 3 个月员工

现状：初步形成基础，产品有基础了解，掌握产品售卖的基本思路。

目标：提升销售实战经验，提升谈资。

培训内容：师傅辅导、新人集训（如何开源、行业分析、竞品对比、客服服务等）。

3. 入职 6 个月员工

现状：进入初步瓶颈期，已建立标准化销售流程，但对客户需求的理解停留在表层，产品认知固化在基础特性层面。

目标：建立多元化销售策略矩阵，突破单一成交模式；从话术执行者升级为初级顾问式销售。

培训内容：销售突破训练营（Top Sales 心态、Top Sales 的谈单思路、Top Sales 工作习惯等）。

4. 入职一年员工

现状：熟练运用既有方法论但遭遇高净值客户挑战，形成产品价值体系的固化认知。

目标：重构客户价值交付系统，从销售执行者蜕变为行业解决方案专家，掌握高阶顾问式销售能力。

培训内容：外部交流，销售打法共创，产品亮点共创，销售 PK 赛，参与如何辅导新人、如何设计课程等项目。

在培训时，企业要做到“凡培训必考试，凡考试必奖惩”。做完培训一定要安排考试，且配合奖惩，所有人才会重视培训，才会愿意成长。

在探迹，为了让新人在前三个月得到更快的成长，会将培训进一步细分，下面以 2021 年 1 月刚入职的新员工小林为例。

1. 刚入职，公司为小林准备入职培训，了解公司、熟悉产品，掌握基本销售技能；

2. 随后，小林回归团队，在日常销售工作中，在师傅带领下强化产品售卖技巧，提升产品认知；

3. 3 个月后，小林巩固公司产品知识学习，并进一步提高销售实战经验，学习行业知识、竞品分析、客户行业打法。

结合业务流程工作任务以及核心能力等信息，对学习内容进行时间排序，就可以生成一张成长地图。图 5.2 是探迹销售人员入职一年的成长地图。

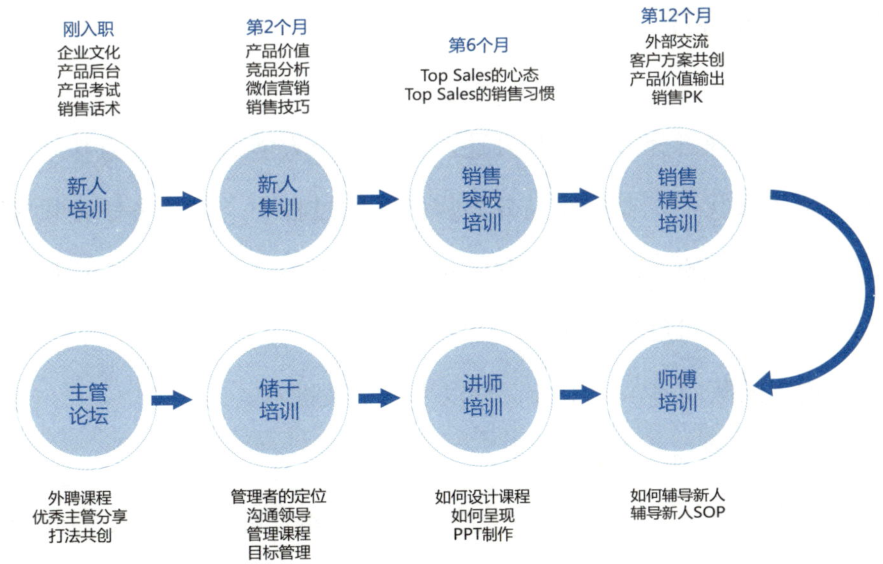

图 5.2 销售人员成长地图

通过系统化的培训，新员工能够迅速适应新的工作环境，减少“水土不服”的现象。同时，应鼓励员工之间分享优秀案例和通话录音，形成互学互助的良好氛围。建立科学的排名和奖惩制度，譬如设立 PK 榜、制定明确的业绩目标和奖励机制，可以激发销售人员的斗志和竞争意识。在这种环境下，销售人员会更加专注于提高自己的专业技能和服务水平，从而推动整个团队的业绩提升。

在培养的过程中，企业还应注重培养销售人员的自我学习和自我提升能力，提供丰富的学习资源和平台，鼓励销售人员主动学习新知识、新技能，并将其应用到实际工作中。这样不仅能够提高销售人员的个人素质和能力水平，还能够为企业的持续发展提供源源不断的人才支持。

“用”：知人善任

“有效的管理者择人任事和升迁，都以一个人能做些什么为基础。”德鲁克的理念告诫我们，在构建高效销售团队的过程中，知人善任必须成为管理层的一项核心职责。这要求管理者不仅要能识别销售人员的特长和性格，还需合理分配任务和角色，以最大化团队效能。

对于销售团队而言，“用人”有以下几个关键点。

1. 过程管理要高度重视

中小客户的销售，一定是高度关注过程管理才有可能出结果。与此同时，要根据业务发展阶段，进行标准化与差异化创新的平衡和选择。

2.“二八原则”不可忽视

几乎所有的中小客户销售团队，80%的业绩由20%的“销冠”贡献。所以大家要关注销冠的成长和培养，一个销冠的流失，往往要靠10个普通销售才能补上业绩的空缺。

3.销售团队要培养标杆

有了标杆，才能让所有的销售看到希望，看到业绩可以做到多高。此外，销售团队还要鼓励竞争，包括员工之间、团队之间的竞争以及结果指标和过程指标的竞争。通过竞争不断刺激销售团队形成“争强好胜”的氛围。如果销售团队安于现状，甚至想的不是如何让自己做得更好，而是怎么让别人做得也不好，那么团队一定出问题。

4.过程管理至关重要

大家不要指望一个销售前29天什么都没做，到了第30天可以拿回单子。如果想要确保月底有好的结果，一定要从月初第一天就开始拆解目标，明确每周、每天的投入和目标。目标拆分之后，销售主管一定要每天带着一线销售打单，看打了多少电话、产生了多少商机、有没有约到明天可以拜访的客户、拜访之前需要做哪些准备工作。这些工作都是日积月累的，所以ToB业务是苦活也是慢活，哪怕已经攻下了1000个客户，第1001个客户的难度也不会降低。

“留”：留住人才的四大技巧

在 ToB 销售领域，留住优秀人才，并不仅仅是某个环节的工作，而是一个系统性工程。从招聘环节开始，就需要管理者将人才的留存纳入考量。总的来说，留住人才的工作重点，基本可以根据入职的时间与阶段，概括为待遇保人、机制励人、事业留人、文化凝人。其中，每一项的实施与落地都需要长期的过程，但管理者必须重视。

1. 待遇保人

待遇保人，主要在于构建具有竞争力的薪酬福利体系。在 ToB 销售中，销售人员的努力往往与业绩直接相关。因此，设计一套与业绩挂钩的薪酬体系，如提成、奖金和股票期权等，可以有效激励销售人员不断追求卓越。同时，还可以提供完善的福利保障，如健康保险、带薪休假等，以消除销售人员的后顾之忧。

2. 机制励人

机制励人，重点在于为销售人员职业发展路径与激励事件的设置。优秀的销售人员往往渴望在职业生涯中不断进步。因此，企业应为他们提供定期的培训计划、晋升机会和职业发展指导，帮助他们从初级销售逐渐成长为销售经理、销售总监甚至更高职位。这种职业发展的可见性，能够大大增强销售人员的归属感和忠诚度。销售工作是一个承受压力的工作，管理人员随时对其员工进行激励，是十分必要的。除了物质上的奖励与口头的表扬，还可以设置宣讲会、颁奖会等多种的激励形式，来保证员工随时拥有自信，发挥潜能，一步步提高，从而获得工作、学习和生活上的成功。

3. 事业留人

事业留人，这是一个留人的更高级阶段。主要在于帮助员工实现自己的梦想，帮助员工向马斯洛第四、五需求层次发展过渡，成就一番事业。实现成就留人，就需要根据员工的具体需求，提供个性化的支持。比如，入职 1 ～ 2 年的员工，可以将重点放在进阶培训，以帮助员工规划未来的成长，明确个人的发展方向。入职 3 ～ 5 年的员工，可能更愿意讨论公司的期权股票，乃至有没有可能将来独立出去做分公司的销售负责人。

4. 文化凝人

文化凝人，是指营造积极向上的企业文化。这是一个组织凝聚人才的最高级阶段。充满正能量、鼓励创新和团队合作的企业文化，能够激发销售人员的积极性和创造力。通过定期的团建活动、表彰大会和内部沟通平台，管理层可以传递企业的价值观和愿景，使销售人员感受到自己是企业大家庭的一分子，而不是机器上一个无关紧要的小齿轮。

“汰”：送不合适的人离开

管理学家詹姆斯•科林斯在《从优秀到卓越》一书中写道：“卓越的企业都做到了，请合适的人上车，送不合适的人下车。”想要组建优秀的团队，可能会出现不合适团队的成员，面对这种情况，管理者也有请不合适的人“下车”的职责。

有句话说得好："没辞退过员工的管理人员，不是合格的管理人员。"对于管理人员而言，如果不能够保证成员之间的步调相对一致，勉强保留不适合团队发展的成员，不仅是对团队不负责，也是对不适合的成员的不负责。及时止损，无论对团队还是个人，都还可以当作一次试错，如果等到最后积重难返，那局面对于任何人都是不利的。

当然，一个优秀的管理者应该明确，如果团队中的成员在能力上已经不能再适应团队的成长，或者成员的行为已经严重违背了团队的文化与价值观，那么管理者就应当及时介入，并将"开除"作为应对这一问题的手段之一。

开除员工并不是目的，而是一种手段，目的是团队的长远发展和整体利益。开除员工并不是一件容易的事，但有时候，这是为了团队的长远发展和整体利益。在作出这样的决定之前，我们应该确保已经尽了一切努力，比如提供额外的培训、调整工作岗位或者改善工作环境。如果这些努力都没有效果，那么可能真的到了不得不作出改变的时候。

在执行这一决定时，我们应该确保整个过程的公正和透明。离职面谈是一个重要的环节，它不仅是对员工的尊重，也是对公司政策的执行。在面谈中，我们需要清晰地解释开除的原因，并提供具体的反馈，帮助员工理解自己在哪些方面没有达到预期，并为他们未来的职业发展提供建议。

同时，我们也需要考虑到团队其他成员的感受和反应。开除员工可能会对团队的士气产生影响，因此，我们需要及时地与团队沟通，解释决策背后的原因，以及公司将如何支持团队继续前进。同时，也要确保团队中其他成员的工作不受影响，维持团队的稳定性和连续性。

敏捷绩效管理让团队动力翻番

从绩效考核到绩效管理

完成培训环节后，对于销售团队日常工作的管理，我们也要确立一套行之有效的方法。

在开始敏捷绩效管理的话题之前，还需要在此明确一个概念，即本节中为何使用的是“绩效管理”，而不是“绩效考核”？

绩效考核，顾名思义是以考核为主的，带有审视、检查的含义，考核的结果通常为合格或不合格，同时引申出对不合格者的管理动作。绩效管理，是指各级管理者和员工为了达成组织目标，共同参与的绩效计划制订、绩效执行辅导、绩效考核评价、绩效结果应用、绩效目标提升的持续循环过程。绩效管理的目的是培养和激励员工，进而持续提升绩效，而不是考核员工。

绩效管理与传统绩效考核有着本质的区别。它不仅是对员工表现的评价，更是一种持续的循环过程，涉及目标制定、执行辅导、考核评价和结果应用。

绩效管理 PCDA 循环图见图 5.3。

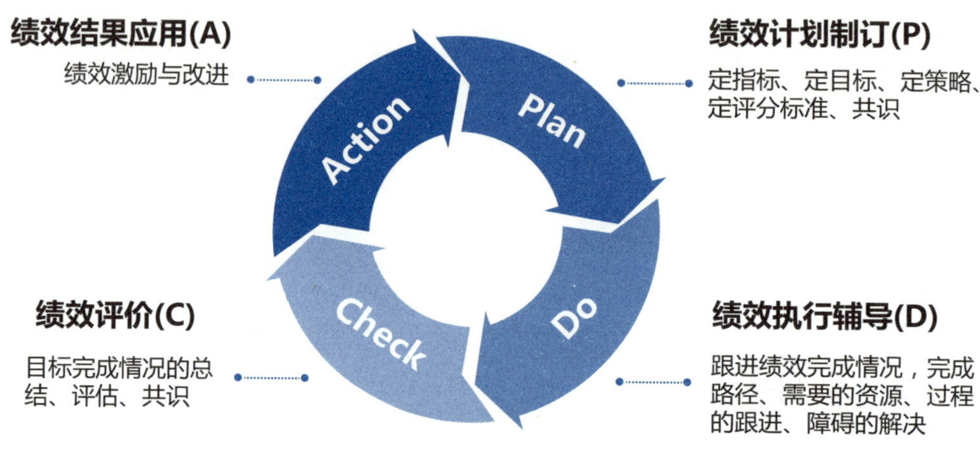

图 5.3 绩效管理 PCDA 循环图

不过，从实际而言，对于中小企业，很多时候并不需要墨守成规，只要抓住其中重点，其管理同样能够实现良好的效果。举例来说，对于员工而言，管理者能够明确他们每周的工作，并在完成后根据结果进行评价与奖励，很多时候就足以调动他们的积极性了。

而这种“抓重点”的绩效管理方式，一般被称为“敏捷绩效管理”。

目标制定：敏捷与精准。

我们也经常听到一些企业会打出类似“年内销售额超过 2000 万元”的口号，看上去显得有些夸张，甚至有些不切实际。但很多事实又提醒我们，就是这样的目标，可能反而更有益于企业每个部门目标的确立以及人员的激励。

公司每一次制定这个目标，包括最后实现它的过程，其实就是整个公司从上到下，管理层以及员工一起去完成的过程。好像一场战役，从确定目标开始就吹响了号角，达成目标就是战役的胜利，它一定是一个令人激动以及振奋人心的过程。我们将这个过程称为一场“硬仗”，企业发展的过程，就是从一个硬仗到另一个硬仗的征程。

而“硬仗”的设立，其实正好满足了敏捷绩效管理的两个核心要素，即目标制定的敏捷性和结果应用的及时性。

目标制定的敏捷性，要求目标能够快速、精准地制定并分解。从财务角度来说，一家公司发展得好与坏，一是收入增长，二是利润增长，因为这两点不仅能够直接反映出公司的市场接受度、增长潜力、财务稳定性等状态，更是能够简单直接量化的指标。对于各个部门而言，“硬仗”中量化的整体目标可以拆解成每个部门的小目标，比如“年内销售额超过 2000 万元”，对于产品部门可能是“研发上市 2 款新产品”，对于营销部门则可能被拆解为“新增业绩收入 200 万元”，从而进一步将指标拆解到每个员工。同时，“硬仗”的结果也能够迅速反馈，从而实现对员工的激励。

在“硬仗”的目标确立后，对目标进行具体分解的时候，还需要我们借助 KPI 与 OKR 这两种工具。它们在形式和应用上有所不同，但都旨在帮助组织和个人明确目标并跟踪进展。

KPI 是一种衡量组织、团队或个人在实现目标过程中关键成功要素的量化指标。在敏捷绩效管理中，使用 KPI 进行目标拆解的时候，我们需要依据二八法则，即 20% 的关键活动通常会产生 80% 的结果，找到各部门的核心贡献，并将各部门的 KPI 控制在 1 到 3 项，以简化管理和提高效率。

同时，虽然 KPI 一旦设定通常在周期内保持不变，但在敏捷管理中也应保持一定的灵活性，以适应变化。

OKR 是一种目标设定框架，由目标（Objectives）和关键结果（Key Results）组成。它强调目标的跟踪和管理，而不直接与绩效考核挂钩。OKR 作为一种目标管理工具，强调目标的公开透明和灵活性。

KPI 和 OKR 都是有力的目标分解工具，它们在敏捷绩效管理中发挥着重要作用。KPI 侧重于量化的关键成功要素，而 OKR 侧重于目标的设定和追求。在实际应用中，我们可以根据自己的管理风格和业务需求，选择适合的工具或者将两者结合起来使用，以实现目标的有效分解和组织的敏捷响应。

结果应用：激励与改进

对于任何一家企业而言，设定高目标是推动企业发展的必要手段。当团队达成目标后，对团队和员工的奖赏是激励他们继续努力的关键。敏捷绩效管理在这一过程中显得尤为重要，它不仅关注结果的应用，还关注员工的持续激励和目标的持续实现。

绩效结果的应用是激励员工的核心环节。通过有效的结果应用，可以确保员工在下一阶段的工作中继续响应公司的目标，并与企业共同努力实现下一个目标。这种持续的激励和目标实现是敏捷绩效管理的核心。

华为的绩效管理体系在结果应用方面有着丰富的实践。例如，华为通过 PBC（个人业务承诺）计划，将员工的个人目标与公司战略紧密结合，员工的绩效考核结果直接影响其薪酬、股权激励和晋升机会。华为公司绩效管理理念强调以责任结果为导向，关注价值创造，通过持续的沟通和反馈，不断提升员工绩效，牵引组织整体绩效的达成。这种做法不仅激励了员工的积极性，还促进了员工与企业目标的一致性。绩效激励主要针对那些表现出色的员工，通过奖金、调薪、晋升等方式来奖励他们的高绩效。这不仅认可了员工的努力，也激励他们继续追求卓越。与此同时，对于那些绩效表现不佳的员工，我们也需要制订绩效改进计划来帮助他们识别问题、设定新目标，并与企业共同成长。旨在激发员工的潜力，促进他们的个人发展与组织目标的一致。

在激励员工的过程中，企业可以采用多种手段，包括物质和非物质激励。关键在于理解员工的诉求，尤其是他们在职业成长过程中所重视的因素，并据此提供相应的激励。绩效管理的成功在于灵活运用多种激励手段，以满足不同员工的需求，从而培养和激励员工，推动他们实现更高的目标。

此外，绩效文化的宣传也是绩效结果应用的一个重要方面。公司需要传递“高业绩等于高收入”的理念，明确个人目标与企业目标的一致性，激发员工为共同目标而努力。这种文化宣传有助于形成一种正向的激励氛围，让员工明白他们的努力与企业的业绩增长和个人收入提升是直接相关的。

敏捷绩效管理的核心在于通过目标和利益的牵引实现组织目标。它特别关注目标制定和有效的结果应用这两个关键环节。绩效管理不仅是一个工具，更是一个让企业管理者和员工越来越积极的过程，因为它能够让整个组织协同工作，实现更大的目标，并在这个过程中持续激励和达成目标。通过这样的绩效管理，企业能够促进员工的个人成长，同时也推动组织的整体发展。

第 6 章

chapter 6

如何做好销售管理，实现业绩增长

销售人员出去时不要盯着客户口袋里的 5 元钱，你们应该帮助客户把口袋里的 5 元钱变成 50 元钱，然后再从中拿出 5 元钱。

——马云

阿里巴巴主要创始人

在市场的激烈竞争中，拥有一支专业水平高的销售人员队伍无疑是企业成功的关键因素之一。然而，仅仅依靠销售人员的个人能力还远远不够。为了实现持续的业绩增长，企业必须在销售管理上下功夫，构建一套完善的销售管理体系。这不仅涉及销售策略的制定和执行，还包括对销售流程的优化、客户关系的深入管理以及销售团队的建设和激励。销售管理的核心在于确保每个环节都能高效运作，从而提升整个销售团队的战斗力和业绩表现。

进一步来说，专业的销售人员能够理解客户需求、提供解决方案，但如果没有良好的销售管理作为支撑，他们的努力可能难以转化为企业的长期增长。销售管理的精髓在于通过精细化的过程控制和数据分析，发现业绩增长的潜在机会和瓶颈，进而调整策略，优化资源配置。同时，通过建立科学的绩效评估体系和激励机制，可以激发销售团队的积极性和创造力，确保团队成员与企业目标保持一致，共同推动业绩的持续增长。因此，对于ToB企业而言，销售管理不仅是实现业绩增长的助推器，更是确保企业在复杂多变的市场环境中保持竞争力的关键。

打造高效能销售管理团队

随着企业的不断发展，销售团队不断壮大，就会涌现更多的管理人才，对于中层和高层的销售行为有一个较为明确的规划。而在不同的层面，需要关注的重点也就不同：基层管理更关注于可落地、可执行的基础管理动作，如招聘、解雇、团队搭建和结果导向；中层管理则涉及资源协调与整合，需要理解战略、搭建班子和导演团队；而高层管理则需要建立完善的体系、滋养组织和定好方向。

一流的销售团队通常由销售主管、销售经理、销售代表、销售支持人员和销售运营人员等角色组成，每个角色都承担着不同的职责，并需要具备相应的能力。

销售主管是团队的领导者，负责制定销售目标和策略，合理分配资源，并激励团队成员高效协作。他们需要具备出色的领导与管理能力，能够亲自上阵打单，解决销售过程中的难题，从而缩短成单周期，提高转化率。

销售经理则是团队的战略规划者和执行者，他们需要具备敏锐的市场洞察力，能够解读市场行业动态，制订符合区域市场特点的销售策略和实施方案，带领团队实现业绩目标。

销售代表是团队的前线作战人员，直接面对客户，负责具体的销售任务。他们需要具备出色的产品知识和销售技巧，能够准确地向客户介绍产品的特点和优势，解答客户的疑问，并根据客户的需求提供合适的解决方案。

销售支持人员是团队的后勤保障人员，为销售活动提供各种支持和帮助。他们需要具备良好的组织协调能力，能够协助销售代表安排客户会议、准备销售资料和演示文稿等。

销售运营人员是团队的战略规划和执行人员，负责制订销售策略和计划，并监督销售活动的执行情况。他们需要具备出色的市场分析能力和战略规划能力，能够根据市场环境和企业目标制订合理的销售策略和计划（如表 6.1 所示）。

表 6.1 销售人员能力要求表

角色	能力要求
销售主管	拿结果的能力：产品专业、新品落地打单、解决难题、缩短成单周期、提高转化率
	培训辅导能力：明确培训目的、吃透培训内容、培养辅导新员工
	做员工 review 的能力：指出不足、发现亮点、解读销售数据、给出辅导建议
	招聘汰换能力：使用招聘渠道、撰写岗位 JD、明确简历和候选人画像、面试识人
	为员工做成长规划的能力：了解员工情况、制订个性化成长规划、帮助达成目标
	团队打造能力：制定队名、口号、文化元素策划团建活动
	开会的能力：会前准备、明确开会目的、达成共识、数据管控、追踪结果执行
	项目制的能力：明确项目目标、把控项目进度、调动资源、推动项目、管理大局

续表

销售经理	排兵布阵识人用人：量化团队目标、拆解业绩目标、了解成员优势、合理安排岗位
	辅导下属能力：传授目标设定、管理经验及方法
	解读市场行业：分析区域市场活动、行业发展趋势、老板特征
	独当一面能力：具备决断力、抓重点、快速准确决策
	授课分享能力：总结提炼经验、开发专业分享课程
	演讲能力：对外 PPT 演讲、对内鼓舞人心讲话
	造梦能力：清晰部门特点、设定部门愿景、带领团队走向正确方向
销售代表	产品知识：了解产品特点、优势
	销售技巧：准确介绍产品、解答疑问、提供解决方案
	沟通能力：与客户建立良好关系、赢得信任
	谈判技巧：与客户进行有效谈判
	市场分析能力：了解客户行业背景、市场动态
销售支持	组织协调能力：安排客户会议、准备销售资料和演示文稿
	产品知识：协助销售代表解答产品相关问题
	市场了解：为销售代表提供市场信息和建议
	数据分析能力：整理和分析销售数据
销售运营	市场分析能力：制订销售策略和计划
	战略规划能力：根据市场环境和企业目标制定合理销售策略
	项目管理能力：有效管理和控制销售项目
	数据分析能力：深入分析和挖掘销售数据

在不同层面的销售管理中，有一个较为通用且行之有效的方法论，称为销售管理三步走。这三步分别是定目标、追过程、拿结果，其概念最早源于中供铁军，后续被很多 ToB 企业传播跟效仿。无论是对于要带领团队达成销售目标的销售人员，还是总领企业销售业务的管理层，这一方法都有一定的参考价值。

定目标：确立目标的 SMART 原则

销售管理三步走，第一步就是定目标。目标不是虚无缥缈的东西，一个好的目标，能够充分地调动团队的积极性，合理地制定好目标。但任何层面的目标都不是仅凭直觉就能确定的，可量化、可衡量就是目标与梦想之间最大的不同。就像减肥，很多人说着要减肥，落实到行动的时候就三天打鱼两天晒网。那些真正减轻了体重的人，基本是制订了合理减肥计划的人。其中有的人可能连每天的运动量和热量摄入都算得明明白白，也早就定好了每个月要减轻的体重，并严格执行计划，水到渠成，最后实现了目标。

要实现具体化、可量化的目标制定，SMART 原则可以为我们提供有效的参考（如图 6.1 所示）。

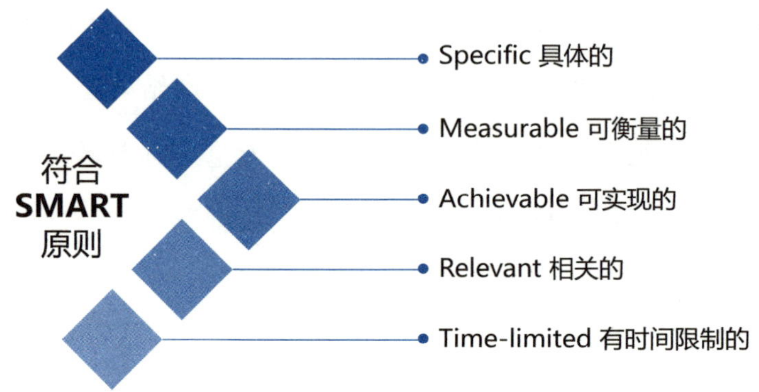

图 6.1 SMART 原则

SMART 原则是一种目标设定的原则，它能帮助个人或组织设定具体、可衡量、可达成、具备相关性和时限性的目标。SMART 是上面五个英文单词的首字母缩写。

Specific（具体的），目标不具体，就像爬山不知道山有多高、路有多长、环境如何，模糊的目标会让成员难以形成统一的理解。对销售而言，“增加销售额”作为目标就不够具体，而“在下个季度内，针对制造业客户，至少做 3 次产品演示，实现销售额增长 20%”就具体得多。

Measurable（可衡量的），我们如果无法衡量某件事，就无法判断是否表现良好或者是否已偏离目标并需要调整路线。除了使目标具体化，我们还需要能够量化数据。设定可衡量的目标和标准，可以让每个参与者都能评估自己的表现，并朝着正确的方向前进。通过 CRM 系统，我们就可以量化销售的具体环节，并据此设立目标。例如，“通过跟踪 CRM 系统中的销售漏斗数据，确保每个月至少有 10 个新的潜在客户进入销售漏斗，并在季度末实现至少 5

个新客户的签约”。

Achievable（可实现的），在设定目标时，务必确保目标的可实现性，即目标应当在个人或团队的实际能力范围之内。避免设定那些不切实际或难以达成的目标，因为这样的目标不仅不能作为有效的激励因素，反而可能导致挫败感。另外，即使实际数据是能够达到的，也建议尽量避免“业绩翻番”这样口号类的表述方式，尽量使用“在接下来的 6 个月内，将客户续约率提高至 90%”这类数据导向的表述，能够让成员更好地理解和接受。

Relevant（相关的），即指定的目标要与企业整体目标、团队定位或个人能力的提升相关。企业要实现的是增长，那么无论是部门目标还是个人目标，都应该以推动企业增长为根本。举例来说，表达能力是销售人员需要提高的，而平面设计的能力就与销售业绩不是很相关了。

Time-limited（有时间限制的），即为目标设立明确的时间限制。时间节点的设立有助于保持正确的前进方向，我们需要以天、月或季度为单位，设立一段时间内的指标。

追过程：分类客户，针对性陪访

销售团队的存在意义在于取得成果，即为企业创造收入。很多人认为，只要设定好目标，业绩自然会随之而来。然而，做好辅导和陪访，也是销售管理中重要的一环，陪访可以让销售管理者更直接地了解销售团队在前线的工作情况，从而更好地协调团队资源，提供必要的支持，针对销售人员能力相对薄弱的环节进行辅导与帮助，同时也能保证销售工作的顺利推进。

那么，需要采取哪些措施来提高这两个环节的转化率呢？主要措施是客户盘点。没有客户盘点，我们就无法全面了解客户信息，也就无法进行有针对性的辅导。如果不进行客户盘点，我们可能会被团队成员误导，无法进行有效的陪访。

下面是一种适配性高、易于复制的客户分类方法，我们称为客户四象限分类法，类似于重要紧急四象限法（如图 6.2 所示）。

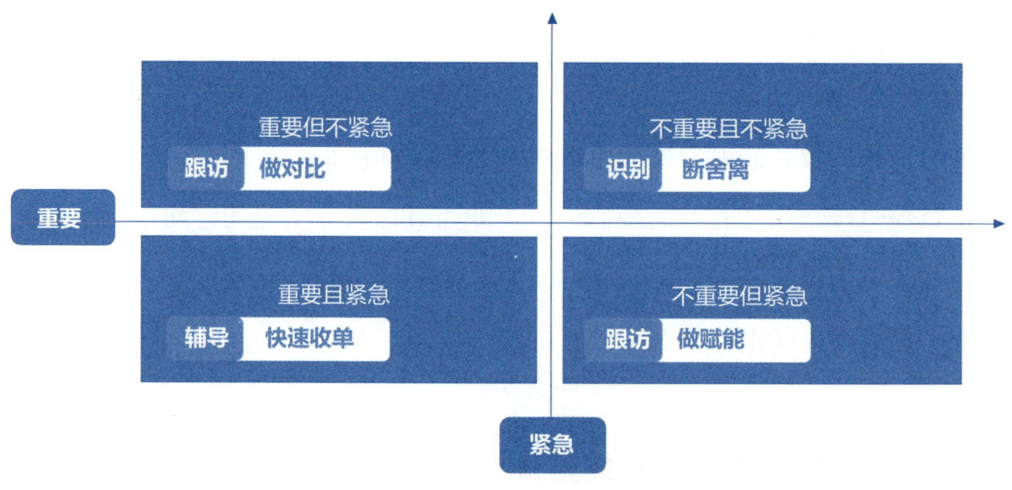

图 6.2 客户四象限分类法

针对四类不同客户，我们可以采取以下有针对性的辅导和跟访措施。

重要且紧急的客户。这类客户是我们的重点培养对象，不过通常已接近成交边缘，因此不是我们的陪访重点。对于这个类型的客户，我们只需要向销售团队提供一些建议和方法，以助他们顺利签约。

不重要但紧急的客户。在这种情况下，我们陪访的目的是帮助客户进行赋能和规划。例如，我们曾遇到一些客户希望与探迹销售云合作，但他们缺乏销售人员和管理团队，且老板自身繁忙，无暇启动合作。面对这种紧急需求，我们会帮助客户进行规划，包括如何招聘合适人员、构建销售流程、搭建销售管理体系和新人培养体系，以及进行薪酬规划。这些措施旨在为这类客户赋能。

重要但不紧急的客户。这类客户可能已有B方案或拥有自己的人脉资源，目前可能不需要我们的平台来开发客户。在拜访这类客户时，我们需要从时间成本、人力成本和利润成本等多个角度进行对比分析。

不重要且不紧急的客户。这是我们特别需要关注的一种客户类型，因为许多销售人员在这类客户身上花费了大量时间，却未能取得预期结果。销售人员往往难以对这类客户作出果断的断舍离，因为他们评判客户成交的可能性不是基于需求匹配，而是基于客户是否愿意与他们交流。这些客户可能性格友好，易于交流，能够迅速与我们的团队建立熟悉关系，但这并不意味着他们当前有购买需求。因此，我们需要帮助销售人员在这种情况下作出明智的断舍离。

通过这些有针对性的辅导和跟访措施，我们可以更有效地管理不同类型的客户，提高销售效率和成交率。

拿结果：明确复盘方法，总结经验与方法论

拿结果，其实这一步说简单也简单，说难其实也比较难。前面的两步如果做得比较好，那么结果是相对较好达成的。但如何实现每次的结果都要比上一次更好，就需要我们多进行复盘。复盘不仅是对结果的评估，还包括对整个执行过程的深入分析。这意味着我们需要检查每一个环节，从目标设定到计划执行，再到结果评估，每一个步骤都可能成为影响最终结果的关键因素（如图 6.3 所示）。

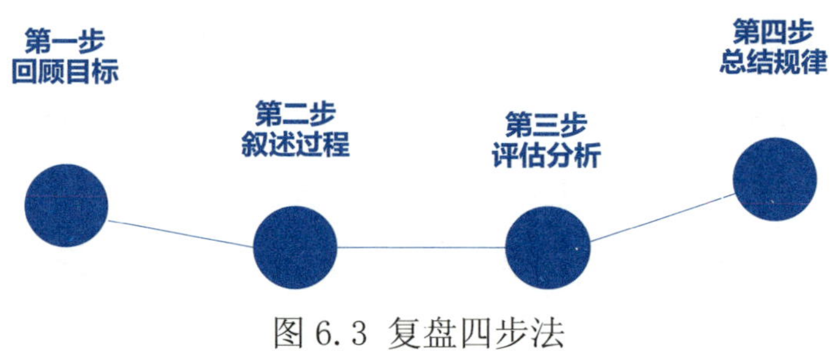

图 6.3 复盘四步法

在进行项目复盘时，我们可以遵循以下四个步骤：回顾目标、叙述过程、评估分析、总结规律。

1. 回顾目标

需要明确和回顾项目或事件最初设定的目标。这包括理解行动的初衷和期望的结果，以及计划如何实现这些目标。这一步的目的是确保所有参与者对目标有共同的理解，并检查这些目标是否合理和可量化。

2. 叙述过程

这一步涉及对过程的叙述和分析，与预期目标进行比较，以确定哪些地方做得好，哪些地方存在不足。这包括分析进度、成本、范围和质量等方面，以及任何突发情况和问题。

3. 评估分析

需要深入探讨导致结果与预期目标之间差异的原因。这包括识别成功的关键因素和失败的根本原因，同时区分主观和客观因素。分析原因的目的是找到问题的本质，以便在未来的项目中避免同样的问题。

4. 总结规律

最后一步是总结从过程中学到的教训和经验。这包括提炼出可以重复使用的方法论，以及制订未来的行动计划。这一步的目的是将经历转化为可用的经验，为未来的项目和决策提供指导。

以某销售团队一次“双 11”活动后的复盘为例。

回顾目标。销售团队首先分析了现有库存和老客户在“双 11”期间的预计出单占比，发现这一比例大约为 30%，这意味着“双 11”目标的近 70% 业绩需要依赖本月新开发的客户，并在短短四天内实现，这一任务的难度极高。

叙述过程。在四天的活动中，销售团队并未全面开发所有行业，而是精准选择了一个具有快速成长潜力的行业，集中资源进行全力开发。

评估分析。团队在短时间内取得高峰业绩的原因有二：一是团队准确选择了一个具有快速成长潜力的行业；二是对关键人物（KP）的接触有着严格要求，即所有成员每天必须确保预约到的客户是企业决策者，而非部门经理或总监。通过对接正确的客户可以解决 80% 的业务问题。

总结规律。“双 11”活动结束后，团队总结了可以在未来的节点战役中继续沿用的方法和经验。得出的结论如下：一是设定合理的目标；二是识别关键因素，如行业选择、培训和辅导；三是通过复盘有针对性地跟访，快速取得结果并作出果断决策。因此，“双 11”的成功经验不仅在随后的“双 12”活动中得到应用，甚至在最近的 11 月底冲刺也取得了预期的成果。

若要实现良好的销售团队管理，或者承担起管理职责，至关重要的一点是，管理者绝不能做甩手掌柜。管理者需要细致地把控每一个细节，并且能够透过表象深入挖掘问题的本质。

做好销售运营，让业绩持续提升

《孙子兵法》说“上兵伐谋”，军团作战必须做好谋略，而谋略的关键就是运营。

销售运营本质上可以理解为参谋的角色和军师的角色。销售运营是以协助销售实现业务目标为核心，协同和调度市场、人力、财务等部门资源全力支持销售去实现企业运营目标。探迹运营的岗位分类见 6.4。

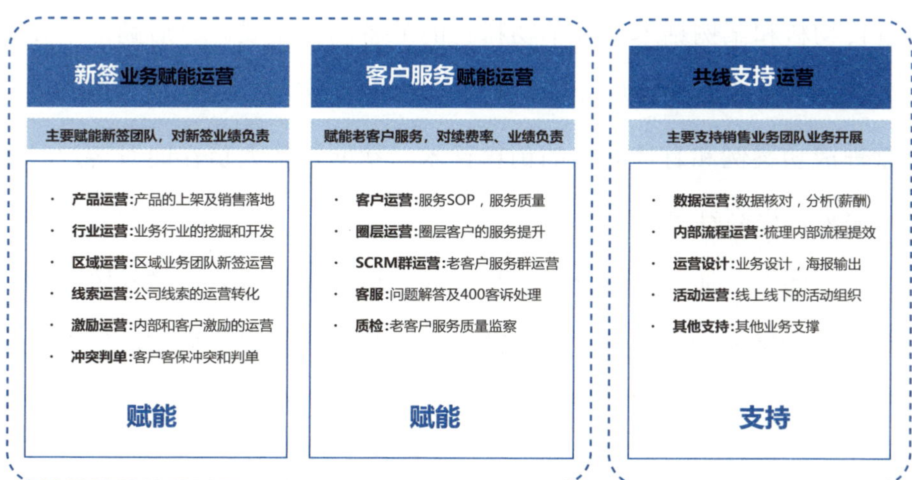

图 6.4 探迹运营的岗位分类（按业务类型）

销售运营在业务大战中要做好以下角色。

“参谋部”。负责规划业务大战的方向、策略、行动部署及预算控制，确保以既定预算完成对应目标。例如，根据区域市场的潜力和销售团队的能力，合理分配销售区域和客户资源；确定不同时间段的销售重点和推广活动，确保每个销售动作都紧密围绕业务目标。

“后勤部”。后勤部工作包括准备激励政策、促销政策、线索资源等枪支弹药，以及宣传物料、案例话术等打单物料包。在准备激励政策方面，需要设计出科学合理的激励方案，既能激发销售人员的积极性，又能与企业的长期发展目标相契合。线索资源的提供是后勤部的关键工作之一。通过多种渠道收集潜在客户线索，如参加行业展会、线上广告投放、合作伙伴推荐等，并对线索进行筛选和分类，将高质量线索及时分配给销售人员，确保他们有足够的 “弹药”开展销售工作。

宣传物料和案例话术等打单物料包的准备同样重要。“后勤部”要确保销售人员拥有专业、吸引人的宣传资料，包括产品资料、演示视频等。同时，收集整理成功案例和有针对性的销售话术，帮助销售人员在面对客户时能够更有说服力，提高打单成功率。

“文工团”。通过提炼分享标杆经验、造节点等方式，激发团队的斗志与荣誉感，让优秀的销售实践在团队中得到传播和复制。例如，定期组织销售经验分享会，邀请业绩突出的销售人员分享他们的成功秘诀，如如何突破客户防线、如何处理客户异议等，让其他销售人员从中学习和借鉴。

造节点是“文工团”激发团队斗志的有效手段。在销售过程中设置关键节点，如每周、每月的销售冲刺日，或者针对重大项目的攻坚阶段，通过举办仪式感强烈的活动，如启动大会、冲刺动员会等，营造紧张而激动人心的氛围，让团队成员集中精力攻克目标。

打好关键战役，让团队在战斗中锤炼

以战养兵　以战练将

“战役文化”在中国的历史长河中占据着举足轻重的地位。在当今的商业世界，这种战役文化同样发挥着重要作用。企业如同在战场中行进的军队，面对的是复杂多变的市场环境和激烈的竞争。成功的企业往往能够设定共同的目标，维持严明的纪律，保持对胜利的渴望，并且能够实现上下一心的团结。这些企业能够在一场场商业“战役”中取得胜利，不仅因为它们有着明确的战略目标，更因为它们能够在实践中培养出一支支精兵强将。

对于企业来说，赢得“战役”不仅是业绩的增长，更是团队成长和文化沉淀的过程。每一次的胜利都是对企业凝聚力和战斗力的一次提升，也是对员工归属感和自豪感的一次增强。因此，“战役”对企业而言，既是考验，也是磨炼，但同时，它也可以被设计和规划。

企业可以主动设计“关键战役”，通过提前确立目标、设计策略，实现企业上下的全体动员。这样做不仅能提高打胜仗的可能性，还能让企业中的团队保持持久的激情与自信。通过这种方式，企业能够在激烈的市场竞争中占据先机，赢得主动权。

“战役文化”在企业中扮演着至关重要的角色。它不仅是企业应对市场竞争的工具，更是企业文化建设和团队培养的重要途径。通过精心设计和执行“关键战役”，企业可以在激烈的市场竞争中立于不败之地，实现长期的稳定发展。

关键战役三场会

在设计“关键战役”时，企业需要考虑多种因素。以销售行业为例，无论是面向消费者的C端市场还是面向企业的B端市场，国家节假日和行业的淡旺季都是制定战役的黄金时期。这些时间段内，市场需求往往会出现波动，为企业提供了利用市场变化、制定相应策略的机会。随着企业影响力的提升，企业甚至可以创造自己的“节日”，以此来规避竞争、开发新的需求。这种“造节”行为，不仅能够提升企业的市场影响力，还能够增强品牌的知名度和消费者的忠诚度。

想要设计好关键战役，重点在于战役前的沟通会、战役中的动员会以及战役后的复盘会，这“三场会”是构建成功战役的基石。这“三场会”共同构成了战役管理的闭环，通过精心策划和执行，可以最大化地提升团队的战斗力和战役的成功率（如图6.5所示）。

图 6.5 关键战役三场会

战前沟通会通常在项目或战役开始之前召开，主要目的是促进成员与经理、主管等核心高管对齐目标，明确所需资源，并确保所有参与者对目标的认可。目标的明确化能让团队成员明白“为何而战，为谁而战”，激发内在动力，激发团队成员的竞争意识和不甘落后的精神。通过对齐目标，团队成员可以更加明确自己的工作方向和重点，从而实现更高效的协作和配合，共同推动公司整体目标的实现。这种团结不仅能够提高团队的协作效率，还能够增强团队成员之间的相互支持，为即将到来的战役打下坚实的基础。

战役进行中的动员会具有多重作用，它不仅是业绩突破的起始键，更是团队凝聚力和战斗力形成的重要环节。与沟通会不同，在会议上，更偏重公布核心的策略打法、激励机制，启动全员的状态。它能够把握好激励的几个关键时间点，如战役的引爆期和冲刺期，通过特别设计的激励方式和内容，促进团队成员的积极性和参与度。以探迹为例，探迹的动员会一般会分为给动力、给信心、给方法、推氛围这四个环节：给信心，一般会由 CEO 为大家讲述公司的定位与行业发展，以及企业本身的产品实力与组织保障；给动力的环节，会提前明确后续会提供的荣誉与物质奖励；给方法这一环节会更加具体，一般会邀请销冠分享销售心得、sop 以及促销工具等方法；最后推氛围的环节则由团队或部门间自行规划目标、规划 PK 等。

战役后的复盘会是企业销售管理中一个至关重要的环节。它不仅是对过去销售战役的总结，更是对未来战役的准备和规划。通过复盘会，企业能够从实战中提取经验，沉淀知识，传承文化，并将企业精神深植于每个团队成员的心中。复盘会的核心在于总结战斗的成败得失。在这一环节中，团队成员需要坦诚地分享在销售战役中遇到的问题、挑战以及成功经验。通过深入分析，团队能够识别出哪些策略是有效的，哪些是需要改进的，哪些做法是失败的。这种反思和总结有助于团队成员理解战役的全貌，明确每个决策背后的逻辑和结果，从而在未来的战役中作出更明智的选择。

在总结了过去的经验教训后，团队需要制订具体的行动计划，以应对未来可能遇到的相似情况。这包括更新销售策略、优化客户沟通流程、改进产品展示方法等。通过这些具体的准备措施，团队能够在未来的销售战役中更加迅速地适应市场变化，提高成功率。复盘会还是一个沉淀和传承企业文化的重要平台。在分享和讨论的过程中，团队成员不仅能够学习到具体的销售技巧，还能够深刻体会到企业的核心价值观和精神。这种文化的传递和内化，有助于增强团队的凝聚力和向心力，使每个成员都能在日常工作中有更强的归属感和使命感。

这“三场会”共同构成了战役管理的闭环，通过精心策划和执行，可以最大化地提高团队的战斗力和战役的成功率。

“打胜仗”的三大抓手

虽然古语云“胜败乃兵家常事”，但管理者设计关键战役，一定是想要追求胜利，以及胜利为团队带来的收益。那么在“三场会”外，管理者想要进一步扩大“打胜仗”的可能性，还要在“三大抓手”上多下力度。“打胜仗”的三大抓手，即意识上要保持团队的战斗欲望；保障上要让团队看到翻番的激励；行动上要确定差异化目标定量考核。

1. 意识上：保持团队的战斗欲望

正如古语所说“一鼓作气、再而衰、三而竭”，初始的冲劲和动力如果不加以维持，就会逐渐衰减，最终导致战斗力的枯竭。因此，管理者必须从战役的起始阶段就密切关注团队的士气和战斗欲望，并在必要时采取措施以维持团队的战斗热情。

管理者需要确保团队对战役的目标和意义有深刻的认识和认同。只有当团队成员明白他们为何而战，为何而努力时，他们才能在面对挑战时保持动力。这要求管理者在战役开始前就进行充分的沟通和动员，使每个成员都能对战役的成功与否有主人翁的责任感。另外，管理者可以通过定期公布战报来激励团队。

战报不仅是对团队战绩的展示，更是对每个成员努力的肯定。通过公开战报，不仅可以让团队成员看到自己的进步和成就，还可以激发他们之间的健康竞争，推动团队整体向前发展。

以探迹为例，在战役过程中，会用群内通报的方式发布成员的战报激励团队成员。

找准节点进行荣誉评选是另一种激励团队的有效手段。通过设立不同的奖项和荣誉称号，如“最佳团队”“金牌销售”“客户成功英雄”等，管理者可以表彰在战役中表现突出的个人和团队。这种公开的认可和奖励不仅可以提高获奖者的士气，还可以激励其他团队成员努力争取下一次的荣誉。

在团队出现松懈迹象时，管理者应及时介入，通过一对一的沟通、团队会议或者额外的激励措施来提振团队士气。这可能包括提供额外的资源支持、调整工作计划、组织团队建设活动等，以增强团队的凝聚力和战斗力。

2. 保障上：翻番激励

有了精神上的激励，要将成员的动力激发落到实处，一个较为有效的方式就是“翻番激励”。当然，这并不是平白无故地提升企业的人力成本，而是要让成员在初步了解激励水平后，体验到“翻番激励”的感受，而要做到这一点，就需要对激励进行一定程度的设计。

设计有效的激励机制时，应注重精神激励而非过度依赖物质奖励。在保证一定程度的物质奖励基础上，可以多实施非物质奖励，如公开表彰、荣誉称号、证书颁发等，以提升员工的荣誉感和自豪感。提供职业发展机会，如培训、工作坊或领导力发展计划，以激励员工的个人成长，也是较好的方法。

激励措施应与时间节点相结合，以提高其时效性和紧迫感。管理者可以引入倒计时机制，如销售竞赛，以增加紧迫感和激励员工在特定时间内达成目标，利用项目管理工具跟踪任务和里程碑，确保团队成员对即将到来的截止日期保持警觉。

同时，需要考虑到新老成员的不同需求和贡献，确保激励措施的全面性和包容性；为新员工设计入职培训和导师计划，帮助他们快速融入团队并感受到价值，为长期服务的员工提供忠诚度奖励，如额外的假期、奖金或特殊福利。另外，也可以考虑根据员工的绩效和贡献提供个性化的激励，如灵活的工作时间、远程工作选项或专业发展资助。

最后，激励目标必须是具体、可量化的，以便于评估和执行。确定绩效指标，如销售额、客户满意度评分或生产率目标。

3. 行动上：差异化目标定量考核

差异化目标是在特定时期设定的，旨在通过独特的策略和行动，实现与竞争对手的明显区别，差异化目标更加注重创新和突破，它要求团队跳出舒适区，尝试新的方法和策略，带来更大的收益和影响力。追求差异化目标时，可能需要集中更多资源于关键领域，以实现突破。

差异化目标要求企业深入研究市场和消费者，发现未被满足的需求或被忽视的市场细分。这需要团队具备敏锐的市场洞察力和创新思维，能够从不同的角度审视问题，并提出独特的解决方案。例如，通过开发具有创新特性的产品、提供个性化的客户服务或者是采用创新的营销策略，来吸引和保留客户。为了实现这一切，“战时攻坚组”的规划就十分重要了。

战时攻坚组应由跨职能团队的成员组成，包括销售、市场营销、产品开发、客户服务等部门的精英。这个团队应该由那些有经验、有热情、能够迅速决策和行动的成员构成。这样的组合确保了团队在面对战役中的各种挑战时，能够从不同角度出发，综合考虑问题，制定出全面的应对策略。

根据不同成员的擅长领域，攻坚组内部可以进一步细分为不同的专业小组。例如，新行业开发组负责对新行业进行快速的市场调研，制定出适合新行业的产品和服务策略，并负责市场推广和销售活动，包括参加行业展会、举办研讨会和线上宣传活动等。而老客户激活组则专注于深入挖掘老客户的需求和潜力，提供差异化的产品和服务，以提高客户满意度和忠诚度。此外，大客户开发组组织专业的销售团队，进行一对一的拜访和沟通，展示公司的专业技术能力和优势，建立信任和合作关系。这样的分工能够确保团队在各个方向上都能发挥最大的效能，全面提高销售战役的成功率。探迹销售团队差异化数据追踪见图 6.6。

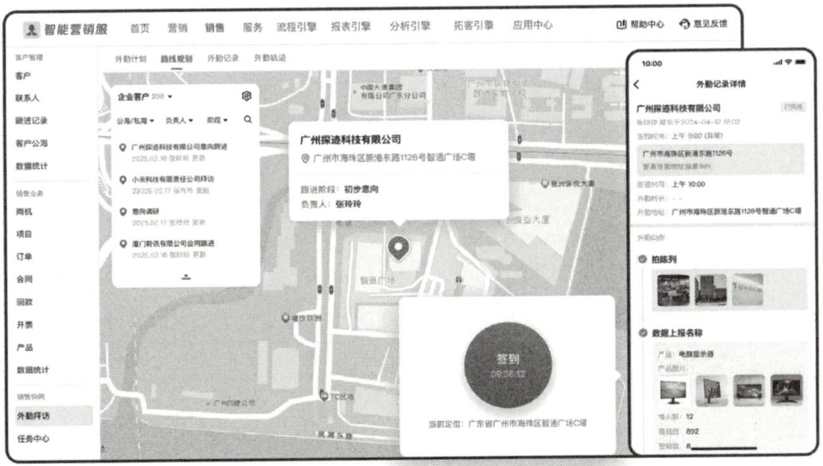

图 6.6 探迹销售团队差异化数据追踪

对于这部分成员，管理者在考核标准上也要进行差异化的设置。以探迹为例，结合探迹 CRM 系统后台的数据整合与实时跟进，管理者可以对攻坚组的成员设置差异化的日常目标进行管理，从早启动、抓陪访到每晚复盘，有针对性地赋能团队成员，为关键战役打开突破口。

如何打造强有力的铁军企业文化

打造铁军文化三要素

铁军文化，是指具有钢铁般意志和执行力的企业文化。强调的是团队成员在面对挑战和困难时，能够像军队一样团结一致、勇往直前，展现出不屈不挠的精神和强大的战斗力。在商业领域中，铁军文化尤其适用于那些需要高强度竞争、快速响应市场变化和执行高难度任务的企业。这种文化要求团队成员像军队一样，有着严明的纪律、高效的执行力和不屈不挠的精神。在打造铁军文化时，以下几个核心要素是不可或缺的（如图 6.7 所示）。

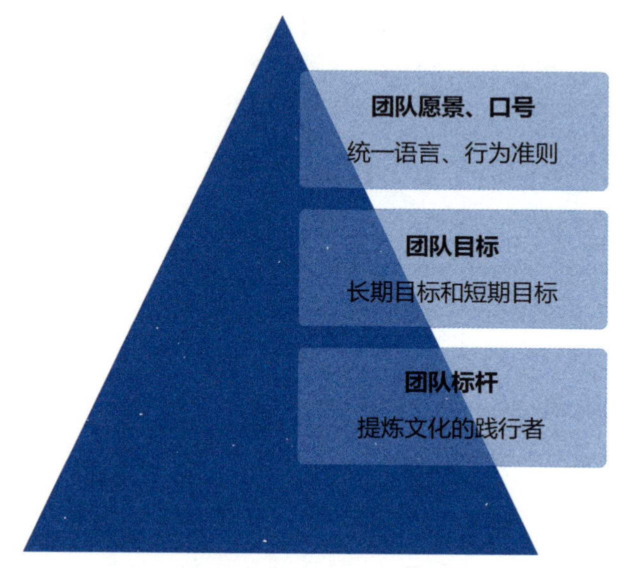

图 6.7 铁军文化三要素

1. 团队愿景、口号

一个企业的使命、愿景和价值观是企业文化的灵魂。它们不仅指导着企业的战略方向，还影响着员工的行为准则。而团队的愿景、口号和行为准则是铁军文化的基石。铁军团队需要有明确的愿景，构建统一的语言与行为准则。例如，阿里巴巴的使命是“让天下没有难做的生意”，这种使命感使每一个员工都明确自己的工作目标，为实现这一目标而努力。

2. 团队目标

铁军团队需要有一系列清晰的目标，包括长期目标和短期目标。并且做到“铁的执行”，这意味着团队成员必须具备高效的执行力，能够迅速将战略目标转化为实际行动，并取得预期的成果。

3. 团队标杆

在铁军文化中，结果是最好的证明。团队成员需要对结果负责，不断追求卓越，以实现企业的目标和愿景。在铁军团队中，需要不断树立践行团队愿景，实现团队目标的“标杆”，为所有成员提供模范与激励。

铁军文化落地的实践策略

兵法有云：“兵马未动，粮草先行。”要想提升团队凝聚力，使成员在面对眼前利益不够明显的长期目标、艰难任务时仍能奋勇向前，仅仅要求团队有“铁军精神”还是远远不够的。一种文化的诞生，离不开孕育这种文化的土壤，而铁军文化，也需要整个企业提供良好的文化环境。打造铁军文化更需要具体的实践策略来落地执行。

1. 建立沟通渠道

沟通渠道的建立是企业文化落地的基础。企业需要建立自上而下和自下而上的沟通机制，让员工可以通过沟通渠道提供反馈，这有助于管理层了解一线员工的实际情况和需求，从而作出更合理的决策。同时，开放的沟通渠道也能让团队成员感到自己是企业决策的一部分，有助于参与感与归属感的提升。

建立渠道的方式有很多，传统的“意见箱”以及定期会议都能够起到一定的作用，星巴克通过开设“开放论坛”，鼓励员工直接向高层管理人员提出意见和建议。探迹则建立了“政委”制度，“政委”可以倾听员工的真实想法，并将其反馈给管理层。确保了员工与管理层之间的沟通畅通无阻。

2. 建立虚拟组织

虚拟组织是一种非正式的、基于共同兴趣或目标的员工团体，它们不同于公司正式的部门或团队结构。这些组织通常围绕特定的活动或主题展开，如运动、艺术、技术交流等，成员可以跨越不同的部门和层级。虚拟组织的建立可以增强员工之间的联系，提升团队的凝聚力。这些组织不仅能够丰富员工的业余生活，还能够在工作中发挥积极作用。

企业可以鼓励员工根据兴趣成立各种虚拟组织，如羽毛球社、舞蹈社等。这些组织不仅丰富了员工的业余生活，还增强了员工之间的联系。IBM 有一个名为“技术论坛”的虚拟组织，它允许员工分享技术见解和创新想法，这种跨部门的交流促进了公司的技术创新。

3. 举行团建活动

团建活动的策划是增强团队凝聚力的重要手段。一次成功的团建活动应该能够让员工感受到被重视，并且有深刻的感动点。如为员工庆祝生日、组织家庭日等，让员工感受到企业的关怀，增强了团队的凝聚力。

真正的团建活动实质上是对团队成员的思想教育，它可以是一次集体出游，也可以是一场团队内的演说。那些非常善于激励人的领军人物对于团建活动的形式并不讲究，他们在激励别人的时候，重要的是讲好一件事情——Why（原因），即为什么而战、为什么要那样做。他们一般不讲 What（内容）和 How（方法），而是将理性规划转化为感性的目标，转化为梦想，从而让成员迸发出激情。

4. 设计文化道具

文化道具的价值就是指，领导者可以借助体现文化的实物，从很多细微的方面传递企业的价值观和文化，让企业内外的人都能感受到企业的特质。它可以脱离领导、管理层这些标签而独立存在，往往更加容易深入影响团队成员的内心。

很多企业都会制作各种文化道具，如“定胜鼓”、文化墙等，以此直观地展现企业文化，增强员工的认同感。例如，探迹公司的“定胜鼓”就是一个很好的文化道具，每当员工签单成功，都会去敲响它，以此激励自己和团队。这种仪式感的建立，不仅增强了员工的成就感，也加深了他们对公司文化的认同。

5. 纪念标志性事件

标志性事件的纪念可以增强员工的归属感和荣誉感。纪念仪式可以赋予事件更加深层的意义，让人更加难忘。

对于大部分企业而言，这一天一般是企业周年纪念或是年终大会，让员工在工作之余有一次展示自己的舞台。与团建活动相同的是，如果纪念活动流于形式，就失去了激励所有员工的意义。因此，一次有效的纪念活动，需要将快乐、嘉奖与愿景作为最底层的情感元素。快乐，就是能让员工感到“好玩”的环节，简单有趣的集体游戏往往就能很好地达到效果；嘉奖，顾名思义就是设立一些与业绩相关的奖项，进行颁奖，同时也要设立一些与业绩无关的奖项，如“最阳光奖”“最佳微笑奖”等。

6. 线上线下活动

一个积极、健康、向上的销售氛围对于激发团队的创造力和战斗力，具有不可替代的作用。同时，一个良好的销售氛围可以激发销售潜能，凝聚团队目标，从而推动业绩的提升。这种无形的力量虽然难以量化，但其作用却收效明显。

氛围难以被量化，氛围的营造也不是一朝一夕就能完成的。氛围营造包括线下活动和线上活动。线下活动如庆祝日、集卡活动等，可以提升团队的参与度和凝聚力。线上活动如海报、文字表扬等可以提升氛围感，激发团队的狼性和战斗欲望。

7. 建立荣誉体系

企业层面的认可对于员工而言是一种莫大的激励。因此，荣誉体系中的称号需要具有吸引力，能够让员工感到自豪，如“销售王者”“最佳主管”“服务之星”等。这些称号不仅代表了员工的个人成就，也是对其工作表现的最好的肯定。

荣誉体系的建立需要与企业的价值观和文化紧密结合。它应该反映企业的长期目标和愿景，通过表彰那些符合企业文化和价值观的行为和成就，来强化这些理念在员工心中的地位。同时，荣誉体系应该是长期的，能够跨越月度、季度甚至年度，以鼓励员工持续保持优秀表现。

搭建一个有效的荣誉体系需要企业从多个角度出发，综合考虑员工的需求、企业文化、成本控制等因素。通过一个设计精良且执行到位的荣誉体系，企业不仅能表彰和激励优秀员工，还能激发全体员工的潜力，推动企业向着更高的目标前进。

8. 培养标杆人物

标杆人物的培养对于企业文化的落地至关重要。就像植物的根茎，从主干分出不同的根系，深入不同层次的土壤中。标杆人物一般是老员工和基层的管理干部，这些人能够展现出职业层级之外的影响力，对于一般成员的引导作用更加明显。对新员工来说，听领导讲企业文化，远没有听老员工讲感受深刻。

例如，探迹公司重视培养标杆人物，如通过组织高管交流会、管理干部培训等，让这些核心人员成为传播企业文化的重要力量。他们可以是企业的高管、老员工或者业绩突出的员工。通过他们的言传身教，可以将企业文化深植于员工心中。

打造强有力的铁军企业文化，需要从核心要素出发，结合具体的实践策略，通过不断的努力和创新，将企业文化深植于每位员工的心中。只有这样，企业才能在激烈的市场竞争中立于不败之地，实现持续的发展和突破。

第 7 章

chapter 7

持续可增长的销售经营能力

销售不是要去追逐客户，而是要吸引客户来追逐你。你要成为客户心中的价值灯塔，而不仅仅是一个产品推销员。

——杰弗里·吉特默（Jeffrey Gitomer）

《销售圣经：销售成功的终极秘诀》作者

销售是一个技术含量很高的职业，即使已经经过了系统化的培训，能够独立完成基础的销售工作，但要想在激烈的市场竞争中脱颖而出，还必须不断地学习新知识、沉淀经验、积累人脉。尤其对于 ToB 企业的销售人员，不仅要有扎实的产品知识，要掌握市场动态，理解客户需求，并且还要能够灵活运用各种销售技巧和策略。

为了实现销售经营能力的持续增长，为企业带来持续增长的驱动力，我们需要从两个方面着手：一是保证销售人员能力的不断进阶，二是实现销售团队发展管理的持续优化。在这个过程中，企业需要投资员工的培训和发展，提供必要的资源和工具，以支持销售人员的成长。同时，还要保证销售管理的持续优化，包括团队结构的调整、激励机制的建立以及销售流程的持续改进等。

销售能力的发展带动业绩提升

销售人员在 ToB 企业中扮演着至关重要的角色，他们的销售业绩直接关系到企业的收入、市场份额以及整体的竞争力。在激烈的市场竞争中，销售人员的沟通能力显得尤为关键，它不仅影响着客户关系的建立和维护，还决定了交易的成功与否。

而销售人员在日常工作中，如何发挥沟通能力的最大效用，我们将其整理成了销售沟通的三大黄金法则。

通过提问判断客户的需求阶段

严格来说，客户不抗拒销售，抗拒的是销售的沟通方式。

那么，比起一股脑讲产品卖点，适当的提问更有助于销售人员把控与客户沟通的节奏，并进一步挖掘客户的需求。我们来举个例子，有一个想要买房但意愿其实并不强烈的客户，来到了售楼处，询问现在房价是多少钱一平方米。

第一位销售直接就回应了："5 万元一平方米。"客户听到后掉头就走了。

第二位销售并没有去回应客户的询问，而是反问道："先生您好，您一共有多少人入住？对于房型有什么需求？"通过一系列的提问去抓到客户的需求点，然后再去进行报价，同时回应说："我们这边的价格是有高低之分的，其实就是有一个区间价格。"然后再切入楼盘的配套、地理的位置、开发商品牌等，既整体介绍了整个房子的情况，也了解到了客户的付款能力，并进行有效的推荐，最终实现了成交。

第二位销售所做的事情并不难，他只是在回复客户的问题之前，通过对细节提问，对客户的需求进行了发掘，进而明确了客户的需求类型。如果不能快速了解客户的需求类型，所有的沟通就犹如隔靴搔痒，没有办法直击痛点，最终，只能让客户感觉到被打扰，然后草草结束。

要深入了解客户，关键在于提出正确的问题，而不仅仅是销售产品。面对客户的拒绝，我们需要探究其背后的原因。在B2B业务中，无论是营销工具还是企业服务，都面临着激烈的同质化竞争。市场和客户资源有限，客户对某些产品可能已有成见，如对营销工具的过高期望和不良体验导致的抵触。对于这样的情况，直接提问往往比绕弯子更有效。优秀的销售人员通常会理解并肯定客户的拒绝，然后询问他们拒绝的具体原因。只要客户愿意分享原因，我们就能找到继续沟通的机会。如果客户不愿意透露，我们可以约定下次沟通的时间，或者以发送资料为由添加微信，为后续沟通搭建桥梁。

根据客户的回答，我们可以判断他们对产品的认知程度，并进行分类。第一类是无认知阶段的客户，他们对产品既无需求，也缺乏了解。第二类是认知阶段的客户，他们对产品有一定了解，但不清楚市场上哪些产品好哪些不好（用户需求维度坐标如图 7.1 所示）。

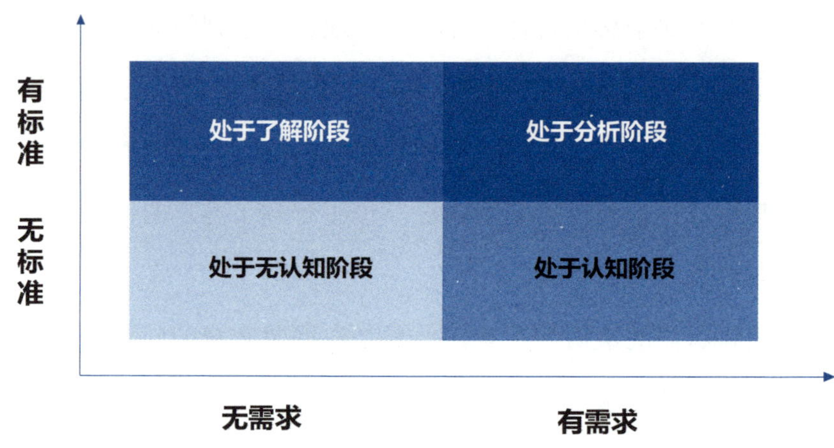

图 7.1 用户需求维度坐标

这几种认知程度对应的处理方式其实也有很多不同。

对于处于无认知阶段的客户来说，产品是一个完全新的领域，一般存在于较传统的行业，客户已经有了习惯性的一个做法，不容易接受新的方案。我们可以采用“无中生有”的方法，即分析客户现有方案的不足，并以此为切入点进行推荐。

处于认知阶段的客户，其实已经清晰了自身的需求。客户一般对于市场上的产品持观望的一个状态，还在持续收集信息，同时尚未明确选购的标准，对功能价格等都不敏感。销售人员应该以抛砖引玉的方式，把自己当作一个引导人，将客户的痛点转化为开放性的问题。

处于了解阶段的客户，此类客户通常是对市场的产品了解得非常清晰，并且判断暂时不需要采购，或曾经采购过体验不佳放弃继续采购。这个时候就要以打动客户为主，销售人员不能急于去否定客户的认知，而要让客户去强调是否仍然要达到原定的标准，从而给客户提出一个新的解决方案。

处于分析阶段的客户，对自身的需求和采购标准已经十分明确，同时对采购产品的要求可能与我方产品有不符，这时销售人员就要把自身的方案打造成更加有优势的选择，在交流中进一步探求痛点，然后去满足客户，给出一个最优的方案。

用故事传递产品卖点

枯燥的知识难以消化，但有趣的故事人人爱听。在全面了解客户的基础上，构建出一个有场景的故事，往往就是可以更准确地击中客户的心。

一般而言，我们的销售人员会更加关心产品的各种参数、原理与卖点，也乐于为客户进行各种形式的分析，但很多客户可能对产品的专业信息并不了解，或者已经看过了太多数据和分析，陷入了一种麻木的状态。这个时候，一个有趣易懂的故事往往会收到意想不到的效果。

如何讲好一个故事？在众多技巧中，有一个叫作 FABE 的推销方式，这个推销方式可以指导销售人员去创造一个故事，并据此对产品进行介绍。它的核心就是通过特征、优势、利益以及证据，分析产品的特征优势，以及可以带来的利益，证明可行性后解答客户的诉求（如图 7.2 所示）。

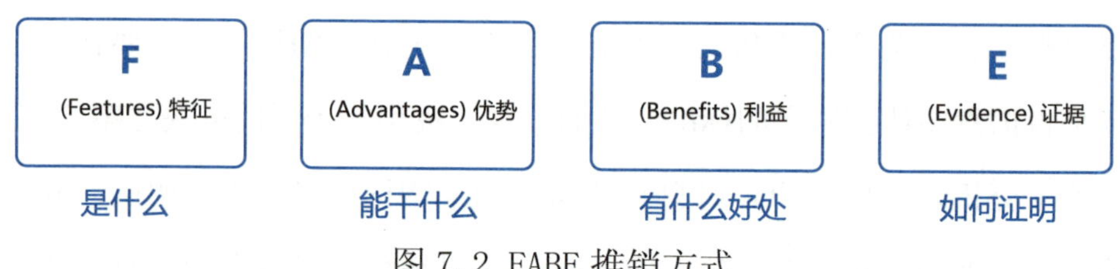

图 7.2 FABE 推销方式

举例来说，有一家公司是做设计渲染图的，主要的卖点在于可以快速地根据客户的产品制作装修的整体氛围渲染图。开始，他们的销售人员只会讲自己产品功能模块的使用方法，是通过怎样的方式、怎样的技术去处理图片，内容太过专业，也没有抓到产品的特征。

而通过 FABE 推销方式进行梳理后，推销的话术可以简要分成以下四个部分。

“老板，您之前对接的装修设计，是不是成本非常之高、时间也比较久、改动起来很麻烦？”（特征）

“我们的产品，可以高效地为需要装修的客户提供设计成型图。”（优势）

“只要简单设置参数之后，可以在 10 分钟之内生成客户需要的图纸，还可以快速修改。借助我们的产品，您可以更好地展现您的专业度，客户很自然而然地就会成交的。”（利益）

“这是我们已经合作的客户，我们当时是这样的情况……”（证明）

当需要讲解的问题比较复杂的时候，比起解释技术资料，如何把抽象的概念去转化为易懂可分享有说服力的故事，才尤为重要。通过 FABE 销售法建立连贯有条理、令人信服的叙事，就能更好地说服客户。

用 Sales Kits 给客户留下印象

销售新人还经常会遇到这样的情况——明明与客户聊得好好的，突然间就跟别人签约了，前面辛苦的沟通反而给人家做了铺垫。销售人员为了争取客户做了长期的工作，但客户在有了需求后第一个想到的却不是自己，相信任何人都是难以接受的。

而如果想让客户能够第一时间想到自己，销售人员首先要有自己的“Sales Kits”。

Sales Kits 是指销售人员在与客户沟通时展示给对方的东西。它不仅包括销售人员本身的形象与口才，更重要的是名片、宣传册、方案等能够让客户第一时间联系到销售人员的东西。一般而言，一份完整的 Sales Kits 主要包括公司介绍、产品介绍与成功合作案例的 PPT 文件，后续则可以根据使用场景，将文件内容通过产品手册、网站页面、短视频等形式进行展现（如图 7.3 所示）。

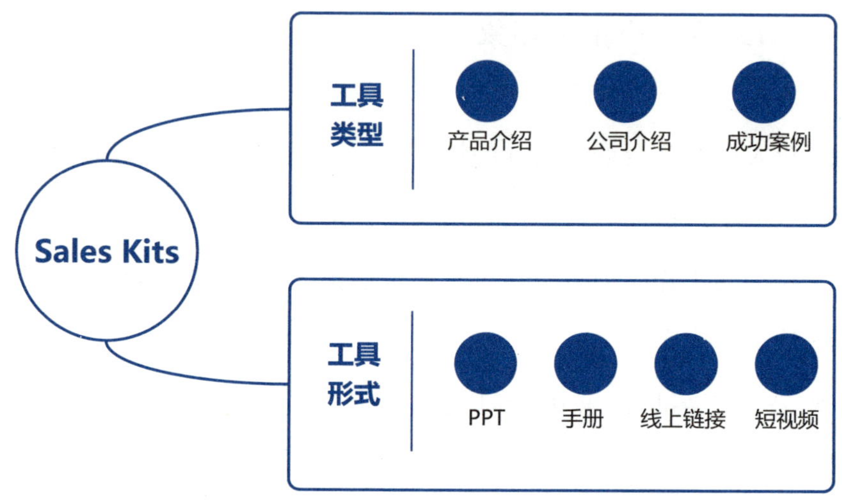

图 7.3 Sales Kits 的形式与内容类型

首先，虽然带有“sale”的字眼，但是 Sales Kits 的作用重点并不是直接促成销售，而一般适用于初次拜访客户、提供参考资料与向其他部门汇报等场合。在这些场合，接受 Sales Kits 的客户一般并不会直接做决定。

在 ToB 市场中，商业决策是一个连续的沟通过程，决策难度又与规模、金额等因素成正比，销售人员敲开客户的门，首要目的是激发需求与引发兴趣，进而展开后续的讨论。Sales Kits 给客户进行内部决策提供了具体的参考，即使客户的意愿并不明显，Sales Kits 也为销售人员与客户留下一个通道，为下一次的会面留下了可能。

其次，Sales Kits 有助于传递更多的信息。举例来说，在微信中，销售人员通常都是以文字的形式去跟客户沟通的，但是文字的信息含量远远低于图片和视频。我们在整体沟通过程中，一定要经常借助图片以及视频来达到更好的沟通效果。

最后，在准备 Sales Kits 的过程中，能够倒逼销售人员变得更加专业。因为在准备销售工具的过程，也是对自己技能与知识的一次整体复盘。如此一来，客户问到的问题销售人员能立即回答，且能马上找到资料给他看。客户就会觉得销售人员很专业，对销售人员也就更加信任，从而为成交打下基础。如果客户遇到问题，我们不能及时回复，客户很可能就直接离开聊天的界面，那么我们要再去联系客户就变得非常困难了。

客情维护的基本法则

销售的本质在于建立和维护人与人之间的联系。在这个世界上，没有一成不变的产品，却有始终如一的客情关系。特别是在 ToB 销售领域，产品交付往往标志着销售过程的另一个起点，随之而来的优质服务有可能激发更多的商业机会。因此，客情维护在 ToB 销售中扮演着越来越重要的角色。

通过有效的客情维护，销售人员能够与客户建立起信任关系，增强客户的黏性。这种信任关系使客户更愿意选择与销售人员及其公司继续合作，而不是转向其竞争对手。良好的客情维护能够激发更多的商业机会。在 ToB 销售中，客户的需求和市场环境是动态变化的。通过持续的沟通和关怀，销售人员可以及时了解客户的最新需求和痛点，从而为他们提供更具针对性的解决方案。这不仅有助于推动客户的增购和续费，还可能引发客户的转介绍，进一步拓展销售机会。

做好客情管理的五大要素

与 ToC 产品不同，ToB 产品往往很少出现“卖后不理”的状况，对于 ToB 企业的销售人员而言，成交也只是一个阶段性的节点，为了保持与客户的良好关系，我们还需要进行一系列活动和努力，旨在维护和加强与现有客户的关系，提高客户满意度和忠诚度，从而促进长期的业务合作和重复购买。这也就是我们所说的客情管理。

客情管理是一个较为复杂的过程，但我们可以将它分为专业性、服务、分析、关怀以及赋能这五个重点要素（如图 7.4 所示）。

图 7.4 客情管理五要素示意图

第一个要素，是专业性。我们与客户合作关系建立，最重要的基础就是信任。而信任最重要的来源，就是客户对我们专业性的认可。

销售人员在新人阶段可能都经历过这样的情况：在和客户沟通时，开场后不久就感觉没有什么话题可聊，明明客户的态度也很好，但你们聊不到 5 分钟，之后就只有尴尬的沉默。但如果换作领导或者老板去与客户沟通，往往就要聊上半个小时，其间客户的需求与问题通过聊天都可以发掘出来。

这中间最大的区别，其实就在于专业性。而专业性也有两个方面：一是对我们自己产品的了解，作为销售人员，熟悉自家产品的相关专业是一定要做到的；二是对客户所在行业的了解。想要了解某个行业，比较有效的方式，就是阅读各个机构对这个行业进行调研后发布的行业报告，这样的报告在网上就能够比较容易获取。如果想要了解的行业比较冷门，我们也可以通过探迹等企业信息平台来收集资料。

第二个要素，就是服务。可能很多人都听过这样一句话："事事有回应，件件有着落，凡事有交代。"这句话放在销售的语境里，就是要建立标准的销售 SOP，即标准的工作流程。包括跟客户第一次接触时的一些标准的话术，以及后续的服务流程。把服务标准化、流程化，能够最大限度减少服务过程中的不确定性，从而提高服务效率，保证服务质量和客户体验。

另外就是要保证响应速度，不同的产品和服务可能会有不同的要求，一般建议在工作时间，我们的响应速度至少要在 15 分钟到 30 分钟之内。而非工作时间，我们会建议销售人员在第一次与客户对接的时候，对沟通的时段进行约定，从而避免双方产生误解。

第三个要素，是分析。这里指的并不是日常的产品使用的答疑等事情，而是解决客户提出的问题背后真正的需求。很多时候客户反馈的问题可能很简单，但背后的原因多种多样。洞察和挖掘出问题背后的真正原因，才是我们实现解决问题的根本理念。

第四个要素，是关怀。要满足这个要素，就要求我们与客户做朋友，持续地通过一些细节维持与客户的关系。尤其是面向企业的销售，购买产品的决策链是比较长的，那么每个环节的关键角色是谁，他的职位是什么，都是重要的信息。有了相关的信息，销售人员就可以在客户生日或节日的时候，通过消息或者礼物，增进客户对销售人员以及产品的信任。

第五个要素，是赋能。赋能主要指超出公司常规产品和服务以外的价值，包括培训学习的资源、行业资讯以及资源对接这三种。培训学习资源包括面向销售人员的训练营，还有我们针对 CEO 级别的商学院课程，一般是由销售人员或者培训公司举办，这样的活动，就可以邀请客户参加学习。

行业资讯与资源对接，这两方面就需要销售人员在平时的工作中更加留心，如果收集到客户行业中的相关信息，可以顺手分享给客户，客户一定也会非常感激。

客情管理是一个过程，但是最重要的是真诚，真诚是信任的基石，而信任是任何商业关系的前提。只有当客户感觉到销售人员的真诚时，他们才会更愿意分享自己的需求，更开放地讨论合作，最终建立起长期的合作关系。因此，销售人员应该始终将真诚放在首位，通过真诚的态度和行动来赢得客户的信任和尊重。

销冠的日常修炼

有人说，销售与钓鱼相似，任何人都能上手，但即便是最专业的钓鱼者也无法保证下一竿一定能有所收获。尽管销售看似充满随机性，但经过时间的积累，总有一部分人的业绩会远超常人，这些人在销售行业中被称为“销冠”。

与钓鱼一样，销售虽然表面上看似随机和不确定，但实际上，那些看似普通的“销冠”往往拥有深厚的专业知识和丰富的经验技巧。他们深知，只有在关键环节下功夫，才能更快地转化商机。如果我们积极分析并整理销冠的成长轨迹，总结他们的经验与习惯，就会发现，从销售新人成长为销冠的过程，其实并非无迹可寻。

新人期（入职前 3 个月）

所有销冠在职业生涯的起点都是新人。或许他们在其他领域有所成就，但作为行业的新手，销售人员最需要做的是转变销售心态。许多销售新人的目标是将产品卖给客户，这看似合理，但实际上限制了他们的发展潜力。正确的心态应该是与客户一起解决问题。在探迹，一些已经成为销冠的销售人员，在最初入职的前两个月，也会有没拿到订单的情况。同样也需要前辈与总监的指导与激励，从而实现心态的转变。抱着与客户一起解决问题的心态，销售人员才会主动去了解行业，分析客户痛点，并结合产品特性寻找解决方案，从而逐步建立和加强客情关系。

在此基础上，销售人员还需要学会处理客户异议。在与客户的互动中，经常会遇到各种反对意见，销售人员需要理解这些反对声音背后的原因，是因为客户真的有疑虑，还是只是在找借口。通过分析这些反对意见，销售人员可以更好地准备话术和解决方案，从而提高成交率。

产品知识和销售技巧的学习也是新人期必须重视的。新人可以通过跟随经验丰富的销售人员学习，比如“拎包”学习他们的谈单思路和技巧，或者通过录音反复听取销售对话，学习如何挖掘客户需求、传递产品价值以及如何促成交易。

销售人员在新人期需要培养的习惯包括心态调整、客户沟通、客户管理、学习积累等多个方面。这些习惯是帮助新人快速成长并最终成为优秀销售人员的基础。通过这些习惯的培养，新人可以更快地适应销售工作，提高自己的销售业绩，并为未来的职业发展打下坚实的基础（如图 7.5 所示）。

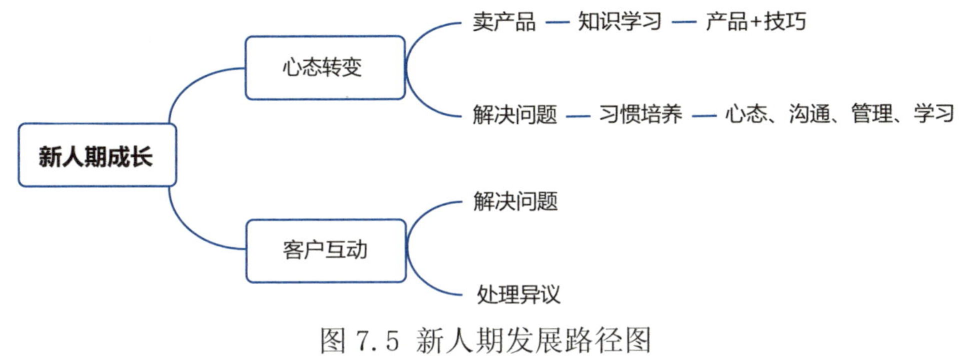

图 7.5 新人期发展路径图

成长期（3 ~ 12 个月）

销售人员在成长期需要培养的习惯主要集中在目标管理和时间管理上，这些习惯有助于他们更有效地提高业绩和工作效率。在目标管理方面，销售人员需要学会设定目标、跟踪过程并取得结果。这包括将长期目标分解为短期可执行的任务，比如，将月度销售目标分解为每天需要打的电话数量和拜访客户的数量。销售人员需要根据销售漏斗的原理，从获取资料到成交的每一个环节都要保证有足够的活动量，以确保最终能够达到预期的销售目标。此外，他们还需要学会主动出击，敢于提出成交，并确保签单后能够及时收款，这样可以避免客户拖延付款，提高销售效率。

时间管理也是销售人员在成长期必须掌握的技能。他们需要学会如何根据任务的重要性和紧急性来安排自己的工作，优先处理那些既重要又紧急的任务。销售人员应该避免拖延，尽量在事情变得紧急之前就完成它们，这样可以减少压力并提高工作质量。同时，他们也要学会如何利用碎片时间处理那些不紧急但重要的任务，以及如何授权或委托那些紧急但不重要的任务，从而为自己腾出更多的时间，专注于那些能够带来最大价值的工作。

通过有效的目标管理和时间管理，销售人员可以更好地控制自己的销售过程，提高工作效率，最终实现职业生涯的成长和成功（如图 7.6 所示）。

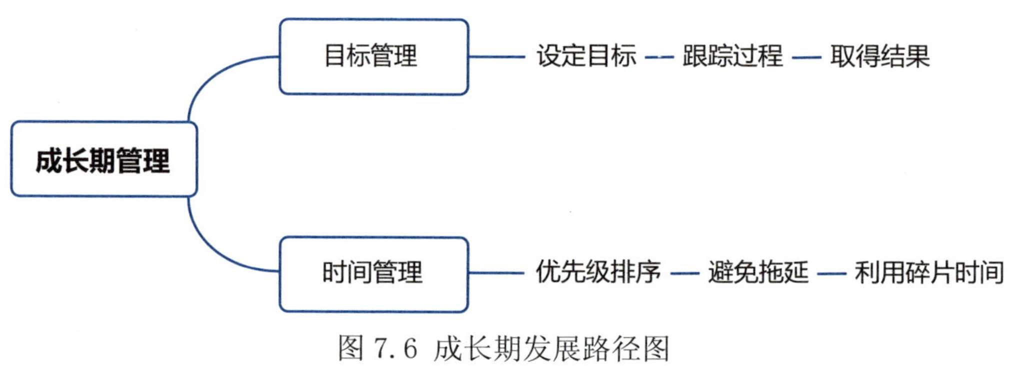

图 7.6 成长期发展路径图

成熟期（1 年以上）

销售人员在成熟期需要培养的习惯主要涉及突破瓶颈、维护客情、个人价值体现以及性格分析等方面。在突破瓶颈方面，销售人员可能会遇到业绩停滞不前的情况，这时候需要寻找新的方法和策略来进一步提升业绩。这可能包括找人倾诉工作中的困难，寻求上司或同事的帮助，或者通过旅游来放松心情，重新找回对工作的热情。此外，阅读相关书籍或观看电影，尤其是那些能够提供销售灵感和动力的作品，也是重新激发工作热情的有效方式。

维护客情是成熟期销售人员的另一项重要习惯。这包括给客户定制礼物以表达诚意，请求客户帮小忙以建立更紧密的联系，记住客户的细节信息如生日或爱好以加深关系，以及让客户知道为他们所做的努力和支持。这些习惯有助于建立长期的客户关系，提高客户满意度和忠诚度。

个人价值体现也是成熟期销售人员需要关注的重点。销售人员应该思考自己除了提供产品和服务，还能为客户带来哪些额外价值。这可能包括提供销售建议、资源整合。通过这些方式，销售人员可以在竞争中脱颖而出，建立自己的个人品牌。

性格分析是成熟期销售人员用来提高效率的工具。通过学习性格分析，销售人员可以更好地理解客户的性格特点，并据此调整自己的沟通策略。例如，对于外向性格的客户，销售人员需要展现出积极和热情；而对于内向性格的客户，则需要提供详细的数据和分析。通过这种方式，销售人员可以更有效地与不同性格的客户建立联系，提高成交率（如图 7.7 所示）。

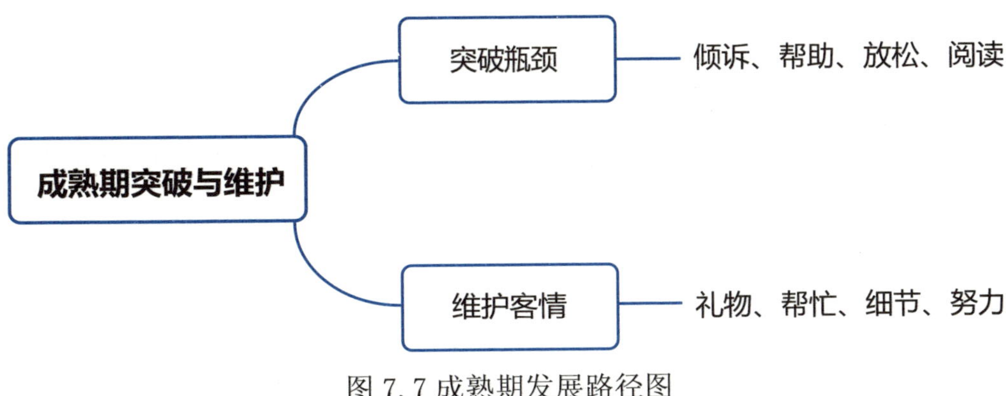

图 7.7 成熟期发展路径图

销冠的日常修炼

探迹有一名姓黄的同学，她从展会行业转型到互联网行业，入职探迹不到一年就拿到五次销冠、六面金牌，成为当年实至名归的新人王，并一路从销售做到主管、区域经理，她的快速成长源于以下五个方面。

1. 积累经验。新人时期跟着老人拎包，争取让不同的主管给你做陪访，用录音方式学习谈单思路，破冰挖需、传递价值、逼单等。遇到不懂的虚心请教，把客户所在的行业琢磨透。

2. 注重过程。定目标追过程，活用销售漏斗。例如，今天想要 4 个成交，一步一步往上推，大约需要 60 个拜访，1000 个电话，需要 600 多条客户线索，才能够保证有足够的这个过程量，才能保证出结果。

3. 提高效率。一是完善自己的销售转化全流程，从强力约见、开场白、抛价值到案例刺激，将每个环节演练到极致，确保转化机会；二是提高拜访效率，合理规划客户拜访路线，将地理位置相近的客户集中安排拜访。例如，约见一个客户，顺访 3 家客户。

4. 及时盘点。养成盘点客户的良好习惯，每次见完客户把最新信息更新，将客户按意向度分为 A、B、C、D、E、F 六类，A 类意向客户进行逼单转化。

5. 分层推进。总结客户异议类型，并给出分类的解决办法，提高成交率。

如何搭建销售培训体系

有了优秀的销售团队并不是结束，想要通过团队实现增长，那么还需要团队能够在一个完善的培训体系中不断提升，这样即使人员流动，也能够通过培训实现短期内形成战力。

对于规模较小的企业而言，用人成本的负担已经相当可观，能够让新成员加入后快速上手自己的工作，从成本控制上也是十分必要的。但在资源有限的小公司，培训预算往往不足以支持大规模的培训活动。因此，我们必须精心设计一个既符合公司实际情况又能有效提升销售业绩的培训体系。

企业需要根据自身的发展战略和业务需求，明确培训的目标和预期效果。在明确了培训目标后，企业需要对员工的培训需求进行详细的分析。这包括了解员工当前的技能水平、知识结构、工作中遇到的问题等，以便制订更具针对性的培训计划。

培训目标的明确与课程体系的确立

设计培训体系，一定要从设定目标开始，一切围绕目标进行。对于销售工作而言，培训体系的核心目标是帮助销售人员成功开单。开单是销售人员工作成果的直接体现，能确保他们在公司的生存与发展，进而为公司带来盈利和人员稳定。

明确了培训目标后，就该拟订具体的培训方案了，很多人会觉得："网上、书上的培训方案这么多，我们找个顺眼的照着做不就行了？"但现实中的问题并不是这么单纯，如果我们真的想要实现企业的增长，一定不能"为了培训而培训"。我们必须思考：通过培训，我们希望销售人员达到何种水平？这是一个至关重要的问题，否则，我们可能会盲目地模仿其他公司的培训模式，而忽视了适合自身公司的实际需要。

为了确保培训内容的针对性和有效性，我们可以引入"能力模型"这一概念。能力模型是指我们提前将销售人员应具备的知识、技能和价值观进行归纳，并对每个能力的要求确定一个较为直观的标准。

销售人员需要具备以下八个能力模型（如表 7.1 所示）。

表 7.1 销售人员能力模型列表

能力	培训目标
产品专业知识	深入了解自家产品的功能、亮点及其对客户的价值
开源能力	明确目标客户群体，熟练用数字化工具识别潜在的商机
邀约能力	将潜在客户转化为意向客户
产品讲解能力	在面谈中清晰地向客户介绍产品，激发客户兴趣
促单能力	使用各种策略促使客户下单
售后服务能力	确保客户能够快速有效地使用产品，并取得预期效果
咨询服务能力	提供产品周边的相关咨询服务，帮助客户增强使用效果
抗压能力	面对客户拒绝和业绩压力时，保持坚韧不拔的态度
生活品质追求	有改善生活品质的强烈追求，并激发为此努力工作的动力

以上就是销售人员应该具备的主要能力，也是我们需要重点安排课程进行培训的主要内容。其中，销售人员对生活的追求和赚钱的欲望，可能很少被注意到，但这一点其实在招聘环节就应当被我们重视。销售人员自身改善生活的意愿是否强烈，可以说是其自驱力最底层、最直观的体现，也是激发销售潜力的关键因素。

而具体每种能力培训的顺序与重点倾向，就要结合企业自身的具体需求进行安排。有的企业的产品技术含量较高，可能需要更多的专业知识培训，才能提高销售人员的产品讲解能力；有的企业更注重产品交付后的持续服务，那就需要重点培训销售人员的售后服务能力。但整体而言，有两个关键点是我们确定培训重点与顺序时必须参考的。

第一点，受训者独立完成工作所需的能力。优先安排那些只要掌握了就能够独立工作的能力与技术的培训，先让新人快速上手，后续的培训就能够结合受训者的工作实际，达到事半功倍的效果。

第二点，还要考虑受训者是否能够快速地提升该能力。比如抗压能力的提升，就需要受训者进行长期的适应过程，我们可以适当放到后期进行。

以探迹为例，探迹对销售新人的培训，一般从入职开始分为四个月，每月对应一个阶段。第一阶段重点培训产品专业知识与讲解能力、开源能力以及强化新人对提升生活品质的追求；第二阶段则不急于对其他能力进行培训，优先对每位受训者上一阶段的短板进行提升；第三阶段则重点安排产品展示能力、促单能力以及抗压能力的培训；第四阶段则补充关于售后与咨询服务方面的能力（如图 7.8 所示）。

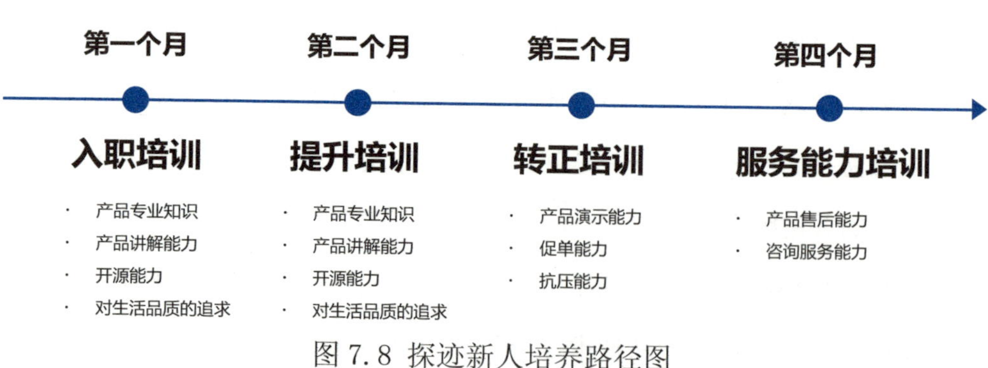

图 7.8 探迹新人培养路径图

当然，经历过四个阶段的培训后，我们也只能说是完成了一名销售人员的基础培训。一些较大的销售企业，对于销售人员还会有更进一步的培训，但一般都需要受训者积累一定时间的工作经验。对于中小企业和起步阶段的培训规划，上文中的四阶段基础培训可以满足大部分的要求。

内训师制度

在初步确立我们的培训体系后，是否觉得还缺少些什么？前面提到的培训体系内容中，似乎只包含了课程，而没有涉及“讲师”这一关键要素。即便是小型的销售培训体系，也必须考虑到内训师制度的建立，即确定由谁来培养人才，这是我们需要重点规划的。只有培养一批爱分享的内训师，支撑起内部培训体系，才能够保证我们的培训工作有效进行。

简单地说，内训师就是承担企业培训教学任务的人，他通过各种方式将尖端的信息加以整合，传授给组织和个人。内训师的任务不是教培训对象学习，而是为他们的学习创造条件，以启发的方式，推动每一个人在自己个人的发展道路上前进。下面，分享的是探迹在内训师制度方面的实践经验。供大家参考。

有些培训体系成熟且业务规模较大的企业，也会选择向外雇用内训师的方式。但，我们还是建议从企业内部选拔内训师，即那些能够日常授课的业务团队成员。一方面是他们更熟悉企业的实际情况；另一方面也能保证企业培训体系的完整性，不会因为一些外界的事情而导致停摆。

内训师的选拔，主要看两个方面，一是必须具备优秀的业绩，能够证明其工作方法是有效的；二是愿意分享经验，这是内训师选拔的重要条件。

在找到合适的人选后，如果条件允许，可以让他们接受一些初步的培训，如外部资助或资源共享，学习如何开发课程、授课技巧以及制作 PPT 等。如果资源有限，经费紧张，直接让他们分享"干货"也是直接有效的方法。

这里还有一个细节，我们建议管理者要记录内训师的授课情况，包括他们的表现、授课次数以及好评度等，以便进行后续的表彰。内训师可能在销售业务领域有着多年的经验，更注重实际效果。但如果我们给予这些乐于分享的内训师一定的表彰和奖励，往往能够激励他们更好地完成培训工作。

总的来说，我们可以按照这一套流程来建立和运营自己的内训师队伍。只需选拔、学习、记录和表彰四个步骤，就可以建立起一个有效的内训师团队。有了这样一个讲师团队支撑我们的课程，我们的培训体系将更加完善。

接下来，我们还需要思考一个问题：到这里为止，我们的培训体系就足够完善了吗？

721 学习法则在人才发展中的应用

培训是一个培养人才的过程，作为培训人员，我们必须思考如何确保学员能够达到预期的能力水平。因此，我们需要深入考虑培训是否足够，是否能够帮助学员具备出单的能力。然而，根据现场的直接反馈，如果仅完成上述培训，实际上只完成了整个人才培养过程的 10%。

至于剩余的 90% 是什么，在我们了解 721 学习法则后，就会有一个更清晰的认知。

721 学习法则是由美国的摩根、罗伯特和麦克三位专家在其著作《构筑生涯发展规划》中提出的。该法则指出，成人学习 70% 来自实际工作和实践总结，20% 来自他人的学习和反馈，而仅有 10% 来自课堂培训。这意味着，大多数学习吸收需要在课堂之外进行（如图 7.9 所示）。

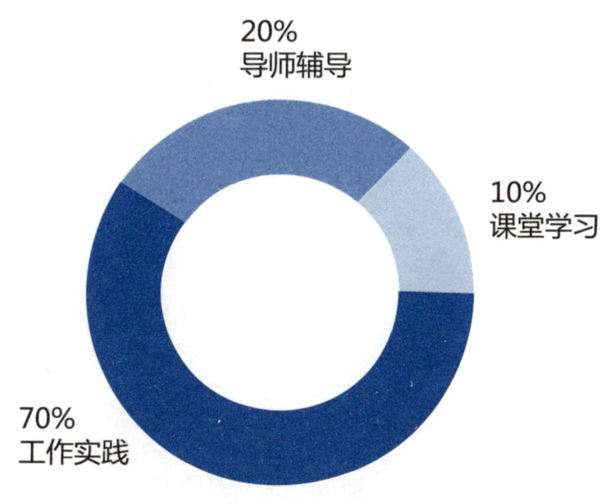

图 7.9 721 学习法则示意图

因此，如果我们的培训设计仅局限于课堂，员工只能吸收到 10% 的知识。要实现更好的培训效果，我们必须跳出课堂，探索如何支撑起剩余的 90%。优秀的培训经理在进行培训时，必然会在课堂之外采取更多行动。

以探迹为例，在课堂之外，探迹一般会通过实施导师制，让课堂学习之外 20% 的学习和反馈得以实现。

导师制的角色和作用如下。

1. 日常关怀和价值观引导，确保员工朝着正确的方向思考和发展。

2. 岗位知识和技巧的辅导学习，教导员工必要的技能。

3. 新人工作跟进与反馈，导师会主动沟通，指出工作表现的好坏及改进空间。

表 7.2 探迹导师日常安排表（部分）

辅导日期	辅导时间	辅导主题	辅导方式
入职第 1、2 天	12:00-13:00	生活关怀 （吃饭、点餐、了解上一份工作、住哪儿等）	公司附近 500 米带路、拉进外卖群
入职第 1 天	12:00-13:00	工作关怀 （钉钉使用如何打卡、发日报周报、云课堂入口、组织架构查看等）	面授
新人培训期间	18:00-19:00	培训答疑 （了解新人白天参与培训的情况，询问是否有疑问并进行答疑）	面授
进组第 1 天	18:00-19:00	怎么筛选客户、客保规则	面授
进组第 2 天	18:00-19:00	商机八点	面授
进组第 3 天	18:00-19:00	录音分析	录音分析

导师的角色和日常安排一般已经由培训部门设计完成（如表 7.2 所示）。导师将按照培训设计路线进行工作。例如，设立拜师仪式，新人入职后会有

导师与徒弟之间的正式拜师流程，这一过程非常正式且具有仪式感。导师的培训一般会持续三个月左右，结合新人培养路径的第三阶段，到了这个环节，一般而言就能够培养出可以独立完成工作的销售人员了。

最后，721 法则中余下 70% 的知识，则是要在工作实践中不断去积累，针对这一部分的积累方式是相对传统的，主要分为以下三个方面。

1. 撰写每日总结进行复盘，形成复盘工作的习惯。

2. 拎包陪访，让新人跟着优秀销售人员见客户，观察梳理谈单思路。

3. 团队研讨共创，让新人参与团队的共创，思考总结行业打法、学习产品卖点等。

第 8 章

chapter 8

找准企业市场

市场营销的核心任务在于为企业的产品和服务在目标市场中找准定位，这是企业成功之关键。

——菲利普·科特勒，《营销管理》（第14版）

在竞争激烈的商业环境中，一个精准的市场定位能够帮助企业有效地与目标客户沟通，满足他们的需求和期望，从而在众多竞争者中脱颖而出。只有当企业能够准确把握市场脉搏，并将这些洞察转化为具体的营销行动时，才能确保其产品和服务能够吸引并留住目标客户，最终实现企业的长期发展和成功。

监测大势，洞察市场

洞察市场是规划战略的前提

小米创始人雷军曾说过这样一句话：“站在风口上，猪都会飞。”我们可以从很多角度去理解这句话，但“风口”，即环境与时代所造就的机遇的价值，是所有人有目共睹的。随着新技术的涌现和市场需求的转变，行业风口的出现往往揭示着巨大的增长潜力和商业机会。这些风口领域不仅能够吸引大量的资本和人才，还能推动相关产业的升级和转型，从而激发整个经济体的活力和竞争力。

行业风口往往伴随着政策的支持和市场的期待，为创新提供了良好的环境和条件。通过深入分析市场数据、消费者行为、技术发展和社会变迁，ToB企业才能够预测哪些领域将成为未来的热点与风口，从而提前进行战略布局，抓住先机。而战略作为企业航行的方向，并不是拍脑袋就可以决定的事情。企业的战略是基于企业的愿景和使命，根据大环境和企业优势所制定的短中长期目标和策略。不同的企业会采取不同的方法制定、实施企业战略，但是它们都离不开前期深入的市场分析。

对市场的分析是企业制定正确策略的突破点。企业首先需要围绕行业规模和发展态势进行分析，以预估市场空间。如果一个行业已经处于成熟甚至是衰退期，其主要利润来自存量市场，这时企业需要考虑是否通过技术突破、企业革新来重新进行市场洗牌、抢占市场份额、提高利润率。相反，如果一个行业处于成长期，企业则需要思考如何利用先发优势，快速抢占市场，占领制高点。

对市场需求的洞察同样重要，它能帮助企业发掘增量市场。通过数据说话，行业规模的分析可以采取营业收入、利润率、销售额、潜在消费群体数等作为分析切入点，尽可能量化市场发展空间，预估未来利润和发展增速。此外，对于那些较难预估规模走势的行业，比如周期性行业和防御型行业，企业可以通过对比法来衡量未来的增长趋势。对于周期性行业，如钢铁、建材行业，企业可以通过找规律，对比过往相似宏观背景下的走势，来预判未来的市场空间和增长趋势。而对于防御型行业，如农作物、公共事业，企业可以通过对照消费群体数量增长、需求增长趋势来预估未来走势。

中外运敦豪（DHL）在全球拥有庞大的物流网络，包括众多的配送中心、转运枢纽和运输车队，他们将自身定位为全球物流领导者，专注于为跨境电商企业、跨国公司、从事进出口贸易的企业、个人客户、医疗和科研机构等提供优质、快速、可靠的物流解决方案，根据客户的不同需求，提供定制化的物流解决方案。例如，针对高价值货物提供特殊的安保措施，为跨国企业提供供应链整合服务等，吸引了大量的电商企业和制造商，实现规模化扩张。在利润化方面，DHL 采取以下两个市场策略：一是通过其全球大客户战略与头部企业建联，专注于为大型跨国公司提供服务，包括德国宝马、西门子、联想等世界知名企业；二是瞄准高壁垒、高附加值的行业，如汽车、高科技、生命科学与医疗等。这些行业对物流服务的复杂性和专业性要求较高，因此，能够为 DHL 带来更高的利润。在精准目标客户加持下，DHL 巩固了其在全球物流行业的龙头地位。

领英商业洞察通过提供专业、准确的市场和竞争洞察，实现了利润化的增长。其成功在于深入挖掘和整合行业数据资源，运用先进的数据分析和人工智能技术提高服务质量和效率。领英商业洞察注重个性化定制和灵活服务策略的实施，以满足不同企业的实际需求。这种专业性和个性化服务不仅提升了客户满意度，也为企业带来了稳定的利润来源。通过不断优化服务内容和提高服务质量，领英商业洞察在商业洞察市场中占据了重要地位，实现了持续的利润增长。

在生物学概念中，有一个词语叫作“生态位”，用于研究物种之间的竞争关系，这一概念放在商业领域同样适用。企业所处的情况，与其在产业生态中的“生态位”息息相关。很多企业之所以举步维艰，往往是因为它们在资源有限的情况下，仍然在竞争已经有了大量竞争对手的“生态位”，这样一来往往会将局面不可避免地导向零和博弈，最后的结局往往是一损俱损。如果企业能够给予自身对市场需求与市场竞争的洞察，发掘新兴市场，找出可差异化竞争的方向，企业的长期增长自然水到渠成。

市场洞察的重要性不仅体现在对行业趋势的把握上，还体现在对消费者行为的深刻理解上。在数字化时代，消费者的行为模式和偏好变化迅速，企业必须通过市场洞察来捕捉这些变化，以便及时调整产品和服务，满足消费者的需求。例如，随着电子商务的兴起，消费者的购物习惯已经从传统的线下购物转变为线上购物，这要求企业必须在电商平台上布局，优化线上用户体验，以适应这一变化。

此外，市场洞察还能够帮助企业识别和评估潜在的市场风险。在全球化的背景下，政治、经济、社会和技术因素都可能对市场产生影响。企业通过市场洞察，可以提前识别这些风险，并制定相应的应对策略，以减少不确定性对企业运营的影响。

在竞争激烈的市场中，企业之间的竞争不仅是产品和价格的竞争，更是创新和速度的竞争。市场洞察能够帮助企业发现新的商业模式和创新机会，从而在竞争中获得优势。例如，通过市场洞察，企业可能会发现一个新的细分市场，或者一个新的消费者需求，企业可以迅速响应这些机会，开发新的产品和服务，以满足市场需求。

市场洞察还能够帮助企业优化资源配置。通过对市场的深入分析，企业可以识别哪些市场和产品最具潜力，从而将有限的资源投入最有回报的地方。这种资源配置的优化，不仅可以提高企业的效率，还可以增强企业的竞争力。通过市场洞察，企业可以把握行业趋势，理解消费者行为，识别市场风险，发现创新机会，并优化资源配置。这些都是企业制定有效战略的关键要素。

四个维度，洞察市场现状与趋势

在年终岁末，众多企业纷纷召开会议，对过往一年进行复盘，并展望未来。然而，企业高层往往发现，年初精心制定的战略方向和举措，在现实中却难以完全落地，甚至有的南辕北辙，最终不得不被搁置或放弃。这种现象，其实是对企业战略规划有效性的一次严峻考验。

战略规划的失灵往往源于对市场洞察的不足。作为战略规划的前提和基础，市场洞察的重要性不言而喻。它如同航海中的罗盘，为企业指明前行的方向；又似战场上的侦察兵，为企业收集情报，洞悉敌情。市场洞察的核心在于通过深入的市场研究，把握市场趋势、消费者需求以及竞争对手的动态。这要求企业领导者具备敏锐的市场嗅觉和深刻的洞察力，能够从纷繁复杂的市场信息中，提炼出有价值的内容，为企业的战略规划提供有力支持。

由于 ToB 企业的客户主要是其他企业，因此，深入了解客户的行业特点、业务需求、采购习惯等，成为制定有效战略的关键。这要求企业不仅要关注市场表面的变化，更要深入挖掘市场背后的逻辑和趋势，以便更好地满足客户的需求，抢占市场先机。那么，一家 ToB 企业应如何进行市场洞察呢。

1. 整合分析行业趋势

我们需要主动收集信息，从宏观角度看待国家层面的政治、经济、文化与社会等方面的发展趋势，并结合各方信息，分析宏观环境、技术变化、商业模式等对行业的影响，找到未来的发展方向和机会。比如，海尔集团通过收购出口著名品牌——老板电器，进入厨房家电市场，实现了从家电制造到家居生活的转型。此外，海尔还投资成立了金蝶集团，进入企业信息化领域。这种多元化经营的商业模式成功地将企业风险分散，也提升了企业的经营实力。

2. 深入分析客户

在 ToB 市场中，理解客户需求是制定市场策略的关键。ToB 企业不仅要深入客户的业务场景，还要理解其背后的心理诉求。这要求企业不仅要关注直接购买产品的客户，还要关注那些影响购买决策的利益相关者。

3. 多方评估竞争对手

谁是客户，谁是对手，这个问题是商业的基本问题，很多人经常在非客户层面消耗自己的精力，很多人经常把弹药消耗在自己的友商，或者是很多非直接竞争的区域，结果导致没有把真正兵力应对到需要面对的战场上。ToB 企业的竞争对手，应当是那些服务于相同目标客户、提供类似价值且有能力抗衡的企业。深入分析和理解竞争对手的战略、优势、劣势、动向，这样一来，ToB 企业才能找到自己的差异化和优势。

进行竞争对手分析时，可以采用 SWOT 分析、波特五力模型、基准分析和市场调研等方法。而在评估竞争对手的同时，企业还要警惕替代品的威胁。因为行业边界越来越模糊，替代品的威胁在竞争分析中越来越受到重视。例如，手机短信因为微信等移动互联网即时通信应用程序的兴起而被替代；现金交易强相关的银行营业网点、柜台服务及 ATM（自动存取款机）等业务，因为支付宝支付、微信支付等移动支付商业模式的蓬勃发展而走向衰落。替代品的威胁往往来自本行业之外，面对这样的“跨界打击”，如果没有提前的预见，企业只能眼睁睁看着市场规模和收入不断萎缩并最终消失。

4. 盘点自身资源与能力

俗话说，“观人易，察己难”。观察别人我们个个都是高手，但观察自己就未必了。很多时候企业的失败，不是因为对手强大，而是对自己认识不清。看自己，是为了找出企业现状与目标之间的距离与路径。

BMC（商业模式画布）能够帮助企业深入分析自身的经营状况、差距、优势和劣势，通过对商业模式的正确定义和分析，应用商业模式画布设定战略方向，并描述企业创造价值、传递价值和获取价值的全过程（如图 8.1 所示）。

图 8.1 商业模式画布

将企业自身的情况填进相应的区块中，我们就能够将抽象的企业状况具象化，使得商业模式明确而有形，讨论和改变起来也更清晰。通过这种工具，企业可以系统地梳理商业模式，从客户、产品、基础设施及财务四个视角出发，清晰地描绘出企业的业务逻辑和商业模式。

构筑壁垒，优势拓展

构筑壁垒，才能实现优势最大化

在 ToB 企业的销售与客户战略中，构筑坚实的壁垒是确保优势最大化的关键所在。这一理念，如同古代军事家所强调的“守城之道”，在商战中同样具有不可替代的价值。

我们可以将竞争力比作企业手中的利剑，它锋利无比，能在激烈的市场竞争中劈开一条血路，帮助企业赢得客户的青睐。然而，仅凭一把利剑，却难以长久地守住疆土。此时，壁垒便如同高耸的城墙，它不仅能保护企业已获得的客户资源不被侵扰，还能有效阻挡竞争对手的进攻。

正如刀剑需时常磨砺，以保持其锋利，企业的竞争力也需要不断地打磨和升级。这包括技术创新、服务优化、品牌塑造等多个方面。同时，企业还需时刻关注市场动态，研究竞争对手的策略，以便在必要时调整自己的竞争策略。而壁垒的构建，则更需要企业有长远的眼光和战略性的布局。构筑壁垒，其核心在于差异化与不可替代性。正如波特竞争战略所言，企业要么通过成本领先，要么通过差异化来获取竞争优势。而在产品日益同质化的今天，单纯的成本领先已难以构成持久的壁垒，差异化成为企业追求的核心。这种差异化不仅体现在产品功能上，更在于商业模式、服务体验以及品牌文化的全方位塑造。

1. 技术壁垒

以美团快驴进货为例，美团快驴进货是美团旗下的餐饮供应链B2B平台，通过垂直整合餐饮行业的供应链资源，实现了规模化的增长。该平台从源头到餐桌实现了全链条覆盖，优化了供应链流程，降低了物流成本，提高了采购效率。此外，美团快驴进货利用大数据和物联网技术，实现了数字化运营和智能化管理。通过实时分析餐饮企业的采购数据和市场趋势，为企业提供精准的采购建议和解决方案。这种数字化运营模式不仅提高了采购的精准度和效率，还为餐饮企业带来了更多的利润空间和竞争优势。

技术领先性是构筑高壁垒的基石。在当下这个技术迭代加速的时代，企业若能持续加大研发投入，比如将资金聚焦于云计算、大数据分析、机器学习、区块链等尖端科技的探索与应用，不仅能显著提高产品或服务的性能与效率，更能开拓出前所未有的商业模式，从而在市场中抢占先机。据统计，全球范围内，那些在研发上投入超过营收 5% 的企业，其市场增长率普遍高于行业平均水平 20%，这无疑是技术壁垒效力的有力佐证。

2. 市场壁垒

品牌，作为企业形象与品质的集中体现，其影响力深远，能吸引并锁定一批忠诚客户，为企业带来稳定的收益与品牌溢价。服务，尤其是那些超越客户期待的个性化、定制化服务，更是提升客户满意度与忠诚度的关键。通过CRM系统的精准营销、AI客服的高效响应，以及大数据分析下的个性化推荐，企业能够构建起一道难以复制的服务壁垒，实现口碑的良性循环，进一步巩固市场地位。

3. 战略壁垒

以三一重工为例，三一重工通过“数智化”进程，将数智化建设融入制造、产品、运营等各个场景，积极促进产业高端化、智能化、绿色化。在智能制造方面，三一重工已有33座“灯塔工厂”建成达产，其中“北京桩机工厂”和“长沙泵送18号工厂”已通过世界经济论坛权威认证，并在印度尼西亚成功设计建设了行业首座海外“灯塔工厂”。在智能产品方面，三一重工发布了智慧矿山解决方案3.0，满足客户更高效、更智能、更安全的矿山开采需求。

在ToB领域，这种壁垒的构建尤为重要。企业需要深入分析客户的业务流程，找到与客户业务深度融合的节点，通过提供定制化的解决方案或增值服务，形成难以替代的合作关系。例如，SaaS提供商可以通过深度整合客户的业务系统，提供数据驱动的决策支持，从而构建起基于数据洞察的壁垒，这种壁垒不仅增强了客户黏性，还为企业创造了新的增长点。

企业需深入洞察目标行业的细微差异，理解客户业务流程的每一个环节，甚至预判其未来需求的变化趋势。准时达在B2B工业制造业供应链领域，通过与日本最大的家电企业夏普合作，从原材料到制造工厂到成本出货到消费者全链条打通，为夏普节省了将近30亿日元的成本，并有效打通夏普的供应链信息数据，成为制造业与物流业深度融合的典范。

壁垒的构筑是企业市场竞争力的核心要素，而壁垒的高度直接映射出企业在行业生态中的站位与话语权。高筑壁垒使企业得以在价格战的硝烟之外，稳坐钓鱼台，掌握议价主动权。反之，壁垒低矮，则易使企业陷入同质化竞争的红海，挣扎于利润微薄的困境，难以脱身。

市场突破点：模式、产品、创意

探讨 ToB 企业的市场突破点，要聚焦于模式、产品和创意这三大核心要素。它们如同三角形的三个顶点，共同支撑着企业在市场中的稳固地位与持续发展。

1. 模式

在 ToB 领域，商业模式是企业成功的基石，商业模式不仅是企业运作的框架，更是构建商业壁垒、保持竞争优势的关键。一个深思熟虑的商业模式能够帮助企业在资源高效整合、客户需求精准匹配以及价值最大化方面取得显著成效。

在构建商业壁垒方面，商业模式的作用不可小觑。京东企业购专注于为企业提供一站式采购解决方案，通过专业化服务实现了利润化的增长。它针对企业采购的特点和需求，提供了从产品选型、询价报价到订单管理和物流配送的全程服务，大大降低了企业的采购成本和风险。同时，京东企业购与众多知名品牌厂商建立了紧密的合作关系，确保所售商品的质量和售后服务的可靠性。这种品质保证不仅提升了客户满意度，也为企业带来了稳定的利润来源。通过这些措施，京东企业购在企业采购市场中占据了重要地位。

聚焦战略则是另一种通过商业模式构建壁垒的方法。企业选择集中资源服务于特定的细分市场或客户群体，通过深入了解这一细分市场的特定需求，提供高度专业化的产品和服务。这种聚焦使企业在特定领域建立起强大的品牌和客户忠诚度，形成细分市场的进入壁垒。京东方通过持续的技术创新，在TFT-LCD（薄膜晶体管液晶显示器）国际市场上的占有率和生产能力从微不足道增长到世界第一。京东方全面掌握了最先进的柔性屏OLED生产工艺，并在车载系统、电子标签、无创血液检测、无创血糖检测等产品领域实现行业内首创。

2. 产品

产品在ToB领域中扮演着至关重要的角色，它是企业与市场对话的直接媒介，其质量和功能直接影响着客户的满意度和忠诚度。与面向消费者的市场不同，ToB市场的产品开发往往更加复杂和耗时，因为它们需要满足企业客户的专业需求和高标准。这些产品不仅要满足基本的功能需求，更要能够深入解决客户的实际问题，提高其业务效率。

在ToB领域，产品的规划和设计需要更加注重细节和客户需求的精准匹配。企业必须深入理解客户的业务流程、痛点以及行业特有的需求，从而设计出能够真正为客户带来价值的产品。这通常涉及与客户的紧密合作，包括需求调研、产品测试和反馈收集等环节，确保产品开发的每一步都紧密贴合客户需求。

产品的迭代和升级在ToB领域同样至关重要。由于企业客户的需求不断变化，以及技术进步的快速，产品必须能够适应这些变化，以保持其市场竞争力。企业需要建立灵活的产品开发流程，以便快速响应市场变化，持续优化产品功能，提升用户体验。这种敏捷的产品开发和迭代能力，能够帮助企业在激烈的市场竞争中保持领先地位。

在 ToB 领域，产品的质量、功能以及对客户需求的深入理解是企业成功的关键。企业必须在产品规划、设计、迭代和客户服务等方面投入更多的精力和资源，以确保产品能够持续满足客户的高标准要求，并在市场中保持竞争力。通过不断优化产品和提高服务质量，企业能够在 ToB 市场中建立起强大的品牌和客户基础，实现长期的增长和成功。

3. 创意

创意是推动企业持续发展的动力源泉。在 ToB 领域，创意不仅体现在产品的创新上，还体现在营销策略、服务模式、管理理念等多个层面。一个富有创意的企业，能够不断激发内部团队的潜能，引领行业变革，从而在竞争中脱颖而出。

在营销策略上，创意同样至关重要。ToB 企业需要通过创意的营销手段来吸引和保留客户。这可能包括利用大数据和人工智能技术来精准定位目标客户群体，或者通过创意的内容营销来提升品牌影响力。例如，一些企业通过制作高质量的行业报告或白皮书来展示其专业知识，吸引潜在客户的关注。

创意的产生并非无源之水，它需要企业建立一种开放和包容的文化氛围。在这样的文化中，员工被鼓励去尝试新的想法，即使这些想法可能会失败。企业需要培养一种容忍失败、鼓励创新的企业文化，让员工感到他们的创意被重视和支持。为了支持创意的落地，企业还需要建立一套有效的创新机制。这可能包括设立创新基金来资助有潜力的项目，或者搭建创新平台来促进跨部门的合作和知识共享。通过这些机制，企业可以确保创意不再仅仅停留在想法阶段，而是能够转化为实际的产品、服务和流程改进。

创意在 ToB 领域的作用是多方面的，它不仅能够推动产品创新，还能够改进营销策略、服务模式和管理理念。企业需要建立开放的文化氛围和有效的创新机制，以激发员工的创造力，推动企业的持续发展和行业变革。通过这种方式，企业可以在竞争中脱颖而出，实现长期的成功和增长。

在企业的不同发展阶段，模式、产品和创意这三大要素的协同效应至关重要。企业必须在实际操作中综合考虑这些要素，以确保在各个阶段都能实现最佳的业务表现和发展。

在创业期，企业通常资源有限，但拥有较高的灵活性和创新意识。这时，企业可以依托灵活的商业模式和创新的产品快速打开市场。灵活的模式意味着企业能够迅速适应市场变化，调整策略以满足客户需求。同时，创新的产品能够吸引早期用户的注意，为企业赢得市场的第一桶金。在这个阶段，企业需要快速验证商业模式的可行性，并根据市场反馈不断迭代产品。

随着企业的成长，市场地位逐渐稳固，此时需要通过优化商业模式和提升产品品质来巩固市场地位。优化模式涉及提高运营效率、降低成本、强化客户关系管理等方面，以提高企业的竞争力。同时，提升产品品质能够增强客户的信任和满意度，从而增加客户的忠诚度和口碑传播。在成长期，企业需要在保持创新的同时，更加注重产品和服务的稳定性和可靠性。

到了发展期，企业需要更加注重战略规划和创意引领，以实现可持续发展。战略规划包括对市场趋势的深入分析、对企业资源的合理配置以及对长期目标的明确设定。创意引领则要求企业在产品、服务、营销和管理等方面不断创新，以保持企业的竞争力和市场领先地位。在这个阶段，企业需要平衡短期利益和长期发展，确保企业的持续增长和创新能力。

第 9 章

chapter 9

深挖产品价值

挖掘产品价值的核心，是洞察用户内心深处未被满足的需求。

——周鸿祎

360 集团创始人兼 CEO

需求"定"产品

为什么要紧抓MTL流程

MTL流程，即市场到线索（Market-to-Lead）流程，是B2B企业在复杂多变的市场环境中，精准定位并有效触达目标客户的系统方法论，是连接市场需求与产品销售的桥梁（如图9.1所示）。

在B2B领域，客户需求往往更加复杂且多变，这就要求企业必须具备敏锐的市场洞察力。MTL流程首先通过市场洞察模块，帮助企业深入分析市场环境和客户需求，为市场策略制定提供坚实的数据支撑。正如菲利普·科特勒在《营销管理》中所强调的："营销的核心在于满足客户需求，而这一切的起点就是对市场的深刻理解。"市场管理模块则在此基础上，将市场洞察转化为具体的市场策略和计划。企业需明确目标市场，制订有针对性的营销计划，并通过有效的市场推广活动，将产品信息传递给潜在客户。在这一过程中，企业不仅要关注市场趋势，更要紧密跟踪竞争对手的动态，确保自身在市场中的竞争优势。

图 9.1 MTL 流程框架解析

在 B2B 场景下，客户往往对产品的定制化和解决方案的完整性有着更高要求。因此，企业需与客户及其他利益相关者共同开发新产品或服务，以更精准地满足市场需求。这种合作不仅有助于提升产品竞争力，还能增强客户的忠诚度和满意度。

在市场活动和产品开发完成后，企业需为销售团队提供全面的支持和培训，使其能够准确传递市场信息和产品价值。一个训练有素、信息灵通的销售团队，能够更有效地激发客户的购买需求，促进商机孵化和关单。激发需求模块则通过多元化的营销手段，如促销活动、广告宣传、客户体验活动等，进一步提高客户对产品的兴趣和购买意愿。在这一阶段，企业需充分利用各种营销资源，打造差异化的品牌形象，以吸引和留住潜在客户。

最后，营销质量管理模块对整个 MTL 流程进行质量管理和评估。企业需建立科学的评估体系，对每个环节的效果进行量化分析，并据此不断优化和改进流程。这一模块的存在，确保了 MTL 流程能够持续高效地运行，为企业创造更大的价值。

了解产品需求“中间点”

用户需求是产品开发的起点，但直接将用户需求转化为产品需求往往会导致偏差。这是因为用户需求通常是宏观且抽象的，而产品需求则需要具体、明确且可实施。因此，我们需要通过一系列的方法，将用户需求进行提炼和转化，从而找到那个能够精准触达市场痛点的“中间点”。在 B2B 场景下，初始阶段可以通过线上问卷、线下访谈、客户拜访等多种方式，深入了解目标客户的业务需求、痛点及期望。在这个过程中，要关注客户当前的需求，更要挖掘他们潜在的需求，以及未来可能的发展趋势。同时，还要关注客户所处的行业环境、竞争格局等外部因素，以便更全面地理解他们的需求。

访谈是一种有效的需求收集方式。通过与客户进行一对一的深度访谈，我们可以更直接地了解他们的业务场景、操作流程以及在使用现有产品时遇到的问题。在访谈过程中，我们要学会倾听，用上一切能用的手段，想方设法地让客户决策人表达需求，并且在访谈时，征求客户的同意进行录音，在收集阶段能线下就线下，能多约几天访谈就多约几天，这也保证自己所收集到的需求不会出错。

在收集到足够的客户需求后，对这些需求进行分析和整理。这期间有“三要”需注意：一要将客户需求进行分类，区分出哪些是核心需求，哪些是边缘需求。二要对需求进行优先级排序，确保先满足那些对客户来说最重要、最紧迫的需求。三要对需求进行可行性评估，确保所提出的产品需求在技术上可行、在成本上可控。

这一阶段的关键在于，客户所给出的需求只是一个方向，属于是宏观抽象的。打个比方，当你经营一家早餐店，客户说需要一个肉包，可是肉包没有了，只有菜包，客户也接受了，那就说明客户想要的不单纯是一个肉包，而是现在他饿了，只要能解决饿这个需求就可以，至于你是通过什么方式解决这个需求，是只给他一个菜包还是给他端一桌火锅，用户其实也不会过于介意。所以我们在分析需求的过程中，多问问自己用户为什么会需要这个需求，这背后的原因才是用于最本质的需求。不断地挖掘用户的本质需求，不能依赖用户说什么就做什么。我们还需要不断地考虑用户需求的场景，考虑多个场景，用户是什么时候什么地方会有这个需求，最终用户会得到什么，这也是为了后期设计功能时所做的前提准备。

在分析需求的时候，还要了解用户所提出的需求是他一个人需要，还是我们所针对的用户群体都需要。如果只是少部分人需要那就要考虑是不是要做，以及什么时候做，分优先级。我们所设计的产品并不能服务所有人，一定是要为核心用户解决核心需求的。

以某公司的智慧工地平台为例，该平台旨在为施工企业提供数字化的工地管理解决方案。在开发过程中，团队面临着用户需求难以挖掘的问题。因为许多施工企业使用智慧工地平台仅仅是为了满足政府的开工要求，而并非真正出于自身的业务需求。在这种情况下，团队通过多次需求沟通，将研究范围由最初的平台使用体验扩大至平台使用及配套服务体验。他们通过服务蓝图的方法，将智慧工地平台的体验流程按照服务阶段划分为售前、售中和售后，并深入探索每个阶段中存在的痛点和发展机会点。最终，他们成功找到了用户需求与市场机会之间的“中间点”，为智慧工地平台的优化和发展提供了有力的支持。

用垂直产品撬开精准市场

B端市场的特殊性在于，其产品需深度契合客户的业务需求，而需求的多样性和复杂性要求企业具备精准的需求分类与策略制定能力。探索如何通过打造垂直产品来满足特定细分市场需求的过程中，需从多维度深入理解并应对这些需求。

在客户类型的维度上，大客户与中小客户展现出截然不同的需求特征。大客户作为行业标杆，其需求往往复杂且定制化程度高，追求的是系统高度集成与稳定性。满足大客户的需求，不仅能够直接带来可观的经济收益，更是产品实力与行业影响力的有力证明。例如，为全球500强企业打造的CRM系统，需支持多语言、多货币，并与现有企业资源规划、人力资源（HR）系统无缝对接，高度定制化的开发是对产品团队综合能力的极大考验，但一旦成功，便能成为打开更广阔市场的钥匙。

在竞争激烈的国际物流市场中，某国际物流企业敏锐地察觉到市场需求的变化，传统的物流服务模式已难以满足企业和消费者对物流时效性、精准性及个性化的要求，尤其是对于高价值、小批量、多频次的货物运输需求日益增长，客户渴望物流服务能够更加高效、灵活、定制化。

这家企业精准捕捉到这一市场变化，果断将业务聚焦于为跨境电商企业提供专业的定制化物流解决方案。他们大力投入技术研发，引入先进的物流管理系统和智能仓储设备，实现货物的实时跟踪与精准调配。同时，与多家航空公司和航运公司建立紧密合作，确保运输资源的稳定供应。此外，还组建了专业的客服团队，为客户提供 7×24 小时的贴心服务，及时解决物流过程中的各种问题。凭借这些垂直化的服务，他们成功吸引了大量跨境电商企业的合作，在国际物流市场中脱颖而出，撬开了以跨境电商为主的精准物流市场，实现了业务的快速增长。

在日新月异的美妆行业，某美妆工厂洞察到当下消费者对美妆产品的需求不再局限于基础的化妆功能，而是更加注重产品的天然成分、个性化定制以及环保包装。尤其是年轻一代消费者，他们追求独特、个性化的美妆体验，对产品的成分、功效和包装都有更高的要求。面对这一变化，这家工厂迅速调整战略，专注于研发和生产天然有机、个性化定制的美妆产品。他们与专业的科研机构合作，深入研究天然植物成分的功效，并将其应用于产品研发中。同时，引进先进的生产设备和技术，实现小批量、多品种的柔性生产，满足不同客户的个性化定制需求。在包装设计上，采用环保可降解材料，体现企业的社会责任。通过打造这些垂直产品，他们的产品迅速获得了消费者的青睐，在美妆市场中树立了独特的品牌形象，吸引了大量忠实客户，成功撬开了以追求天然、个性化的年轻消费者为主的精准美妆市场，实现了企业的转型升级和可持续发展。

在制造业领域，卡特彼勒公司通过提供“生产商客户服务合约”（CSA），为客户提供高度定制化的服务，包括周期性的维护保养、定期的液压系统检查维护等。这种服务模式不仅解决了施工企业的后顾之忧，还显著提升了制造商和代理商的销售额，实现了产品与服务的互补，为用户创造了更高的经济效益。

此外，客户需求是市场的直接反馈，需认真聆听并快速响应；内部需求则关乎产品的长期健康与技术创新，不可忽视；而竞争需求，则是市场动态的风向标，要求产品经理具备敏锐的市场洞察力与快速应变能力。

实现难度的分类与应对则是产品技术实力的展现，其中，低难度需求的快速实现，可迅速增强用户黏性；中等难度需求的稳步推进，是产品稳健成长的基石；而高难度需求的技术突破，则是产品领先行业的关键。在这一过程中，企业产品开发人员须与技术团队紧密合作，合理评估技术挑战，制定可行的实施路径，确保产品在不断的技术革新中保持领先地位。

以市场落地为标准

市场落地，意味着产品需精准对接客户需求，高效解决行业痛点，同时在动态变化的市场环境中保持灵活与韧性。在产品开发初期，深入的市场调研与需求分析是不可或缺的基石。如《定位》一书所述，企业需明确自身在市场中的位置，理解目标客户群体的真实需求与潜在期望。对于B端产品而言，这要求产品团队不仅要与产品经理紧密合作，更要直接对话终端企业客户，洞悉其业务流程、痛点及未来发展趋势。在此基础上，产品设计才能有的放矢，确保每一项功能都能精准命中市场需求的靶心。

然而，市场需求不是静止不变的。在产品开发过程中，持续的反馈循环机制至关重要。这包括建立有效的客户反馈渠道，定期收集并分析用户数据，以及时调整产品策略。如《精益创业》所倡导的"最小化可行产品"（MVP）理念，鼓励企业快速推出核心功能，通过市场反馈迭代优化，而非闭门造车，追求一次性完美。这种敏捷的开发模式，有助于企业在快速变化的市场中保持灵活，减少资源浪费，加速产品成熟。

功能流程的多变与数据信息的动态性，是B端产品设计面临的两大挑战。一方面，随着对客户业务理解的深化，产品功能需不断迭代以适应新的需求场景；另一方面，数据作为B端产品的灵魂，其流动性、准确性及呈现方式直接影响用户体验与决策效率。因此，设计团队需与数据科学家紧密协作，确保设计方案能够灵活应对数据波动，同时利用数据可视化技术，使复杂信息一目了然，助力企业用户高效决策。

海尔卡奥斯 AI 工业大脑是一个典型的制造业市场落地案例。该平台通过深度融合 AI 技术，包括视觉监控检测、质量缺陷检测、智能安防、智能物流等，广泛应用于工业设计与研发、机理仿真及数字孪生等领域。例如，在青岛海尔特种冰箱智能制造示范工厂，卡奥斯 AI 工业大脑实现了生产过程的智能化管理，提高了生产效率和产品质量。这种精准对接客户需求的解决方案，不仅解决了传统制造业在生产效率和质量控制方面的痛点，还在动态变化的市场环境中保持了灵活性和韧性，为企业带来了显著的经济效益。

执行力是将设计理念转化为市场成果的关键一环。它要求团队不仅要有快速响应市场变化的能力，更需具备高效沟通与协作的机制，确保从设计到开发、测试、部署的每一个环节都能准确无误地执行。在此过程中，设计团队应摒弃过度美化的倾向，专注于解决实际问题，以简洁、直观的设计语言，快速传达产品价值，促进用户接纳与使用。

至于产品方向的确认，则需基于对市场趋势的深刻洞察与对客户需求的精准把握。如《蓝海战略》所启示，企业应勇于打破传统框架，探索未被充分开发的市场空间，通过创新解决方案引领行业变革。在 B 端领域，这往往意味着要深入理解不同角色用户的痛点与诉求，平衡局部与整体利益，制定出既符合企业战略方向又能激发市场需求的产品策略。

华为工业 AI 质检平台是制造业中另一个成功的市场落地案例。

该平台针对传统工业质检场景中存在的准确率低、开发难、运维难等问题，利用 AI、大数据、云计算等技术，为汽车、烟草、电子等制造行业客户提供了智能化的生产质量管控解决方案。例如，在汽车制造行业，华为工业 AI 质检平台通过 800 多个工业级图像处理算子，实现了对汽车零部件质量的自动化检测。这种快速响应市场变化并持续优化产品功能的策略，不仅提高了生产效率和产品质量，还降低了企业的运营成本。

B 端产品的特殊性要求推广策略需更加精准与定制化。通过试点项目的成功实施，树立行业标杆，利用口碑传播与成功案例的示范效应，可以有效降低市场进入壁垒。同时，积极寻求内部资源与外部合作伙伴的支持，构建生态体系，共同推动产品的广泛应用与持续创新。

竞争“出”产品

竞争者优势：全面学习对手

商海浮沉，企业若想在激烈的市场竞争中脱颖而出，全面学习并借鉴竞争对手的优势，无疑是一条捷径。通过深入研究竞品，企业不仅能洞悉市场动态，更能发掘潜在机遇，优化自身产品与服务，从而在B2B领域稳固并扩大市场份额。

深度剖析竞品价值，精准定位差异

日本学者狩野纪昭曾于20世纪80年代初提出了一种名为Kano模型的质量管理工具，用于帮助企业了解客户需求和期望（如图9.2所示）。

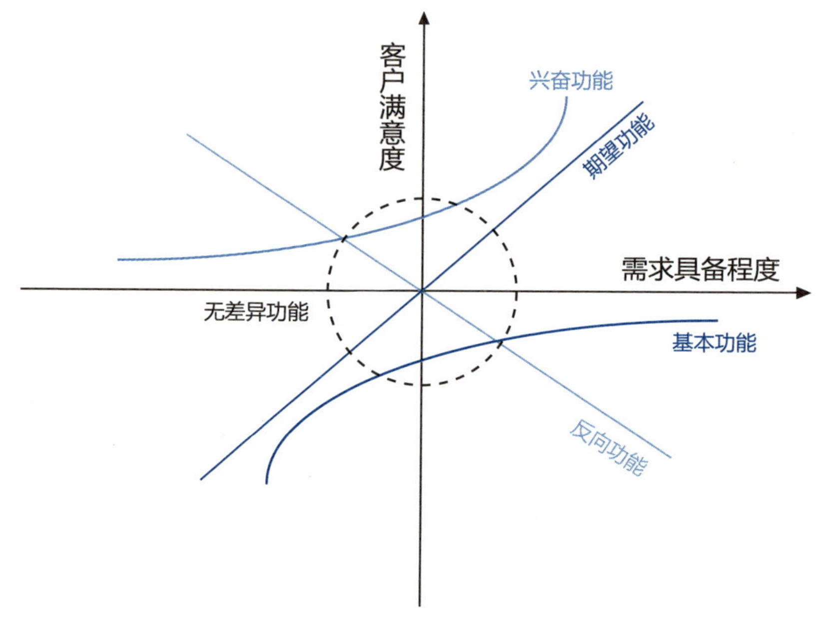

图 9.2 Kano 模型示意图

根据 Kano 模型，可以将产品功能分为五类。

基本功能。理所当然必须满足的核心功能，决定了产品能不能用。比如，手机的通话功能。这类需求如果得不到满足，客户不满程度会急剧增加；如果得到满足，客户会觉得理所当然，并不会增加满意度。

期望功能。产品差异化和竞争力的来源，决定了产品好不好用。比如，手机的拍照功能。这类需求如果表现很好，用户满意度会大大增加；但反过来讲，如果表现不好，用户不满也会大大增加，对于公司是一把“双刃剑”。

兴奋功能。超出客户期望的潜在需求，决定了产品是否能脱颖而出。比如，第一台智能手机这类需求（更像是噱头），如果提供了，用户会被惊艳到；如果不提供，用户也想象不到，不会降低满意度。

无差异功能。可有可无、用户并不在意的需求，产品设计时尽量避免。比如，一些用户基本不用的附加功能。

反向功能。提供后满意度下降，产品设计尽量避免。这类需求通常是为了实现公司的利益需求而增加的。视频广告是个很典型的例子。

借鉴 Kano 模型，企业需细致分析竞品的功能布局，识别哪些是基本功能的“标配”，哪些是期望功能的“亮点”，以及哪些是令人惊艳的兴奋功能。如同苹果公司以智能手机重新定义市场，企业亦应探寻那些能触动客户心弦的创新点。反问自身，我们的产品是否真正聚焦于提升客户满意度的核心功能？是否拥有足以让客户眼前一亮的独特卖点？

精简功能，追求极致用户体验

功能繁多并不等同于价值最大化。企业应警惕“功能膨胀”带来的客户体验负担，如乔布斯所言：“简单比复杂更难，因为你必须努力工作，让你的想法变得清晰明了。”“我们要让消费者无师自通，不需要学就知道怎么用！”通过剔除冗余功能，确保每一项保留的功能都能为用户带来实实在在的价值，这样的产品才能赢得市场的青睐。反思你的产品，是否在简洁与功能丰富之间找到了完美的平衡点？

强化用户感知，提升产品价值

客户对产品价值的感知，往往基于直观体验而非技术参数。因此，企业需确保产品的核心价值能够直观展现，让用户一试即懂，一用即爱。同时，市场推广也需恰到好处，避免过度承诺导致的期望与现实脱节。我们的产品，是否能让用户在第一次接触时就能深刻感受到其独特价值？市场推广策略又是否与用户感知相匹配？

打破客户习惯，创造十倍好体验

客户习惯于现有产品，往往对新选择持保守态度。因此，企业推出的新产品或服务，必须具备足够的吸引力，让客户愿意打破旧有的使用习惯。这要求新产品在性能、体验上实现质的飞跃，即达到彼得·蒂尔“十倍好”理论的标准——一项技术、一个产品，必须比它相近的替代品，好十倍以上。只有这样，才能创造出前所未有的价值，才能拥有真正的垄断优势，并所向披靡。而那些优势微不足道的产品，通常只是有一点改进而已，很少会有人买。只有这样，才能促使客户主动尝试，进而形成新的依赖。要时刻反问：你的产品，是否具备这样的颠覆性优势，让客户愿意放弃旧有习惯，拥抱新的变革？

逐步拆解、各个击破

在商业竞争的广阔舞台上，每个企业都在竭力寻找并巩固自身的市场地位，而深入理解竞争对手，成为这一过程中的关键一环。很多创业者在审视自家产品时，往往局限于行业的狭窄视野，将竞品仅仅理解为同一赛道上的直接对手，甚至错误地认为自己的领域内“没有竞争对手”。这种短视，往往源于对市场深度理解的缺乏或对需求本质的忽视。然而，真实的市场环境远比这复杂多变，90% 的所谓“没有竞争对手”的论断，要么是因为市场本身尚未成熟，需求尚待挖掘；要么是因为对竞争的理解过于狭隘，未能洞察到跨界竞争的暗流涌动。

微信张小龙的洞见提醒我们，真正的威胁往往来自行业之外。因此，广义竞品分析成为一种必不可少的战略工具，它要求我们从更广阔的维度去审视市场，不仅关注直接的同行，更要警惕那些以不同方式满足同一用户需求，或是潜在可能迁移至我们领域的竞争者。

广义竞品分析模型是一种全面的分析框架，旨在从用户生态和竞品设计两个维度深入理解市场和竞争环境。我们可以把与自己产品有关系的潜在竞争对手，通过需求和解决方案两个指标的异同，来进行竞品分析（如图 9.3 所示）。

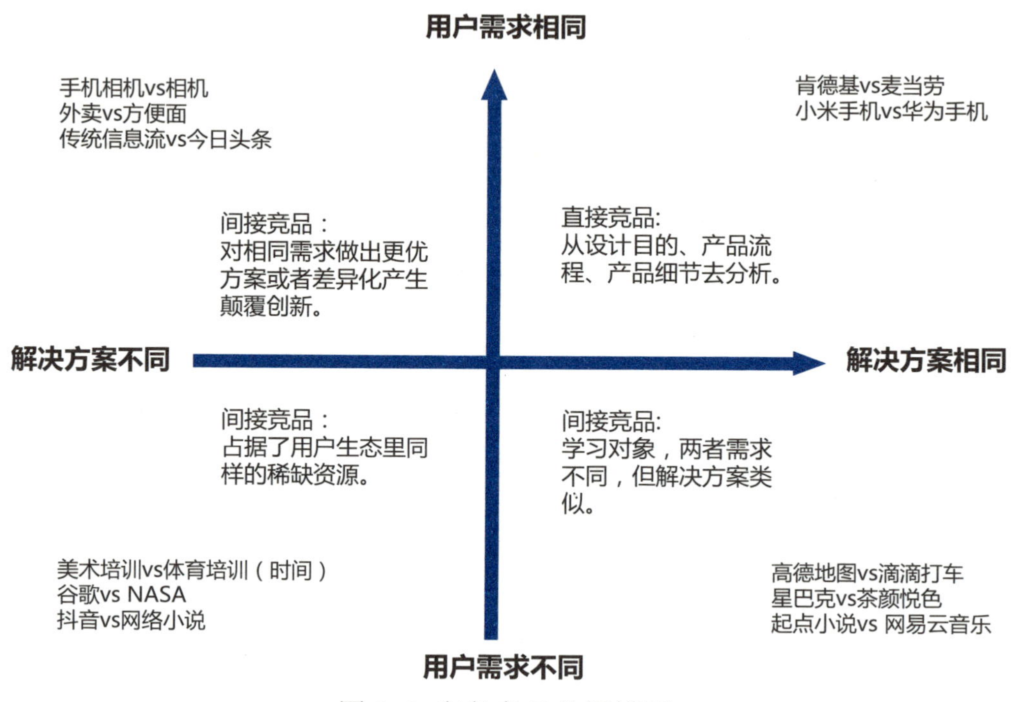

图 9.3 广义竞品分析模型

广义竞品分析的第一步，是深刻理解企业客户的需求。这远超过对产品功能的基本诉求，涵盖了企业对效率提高、成本优化、数据安全及合规性等多方面的考量。通过绘制精细的客户画像，追踪客户的采购流程与使用习惯，我们能够发掘那些尚未被充分挖掘的需求缝隙，为创新服务或产品提供肥沃的土壤。例如，SAP 通过其强大的供应链管理系统，不仅巩固了自身在 ERP 领域的领先地位，也是对 Oracle 等传统竞争对手的一种策略性回应，体现了在满足企业客户对于供应链透明化、库存优化等核心需求上的差异化解决方案。

当企业客户需求相似，但解决方案大相径庭时，这往往预示着行业转型的契机。例如，在制造业中，工业互联网的兴起对传统生产模式进行了革新。通过引入物联网、大数据和云计算技术，企业能够实现生产过程的智能化管理，从而更高效地响应市场变化。

这类竞品分析，促使我们超越既有框架，直接触及企业需求的核心，探索更为智能、高效的解决方案路径。而当企业客户需求各异，解决方案却存在共通之处时，这为跨行业的学习与合作开辟了广阔空间。以正泰为例，其在智能制造领域的创新实践，通过“精益为基，智造驱动，绿色探索”的生产模式，不仅满足了自身对生产效率和质量控制的需求，也为其他制造业企业提供了可借鉴的解决方案。这表明，即使是在客户需求各异的情况下，通过智能化和数字化的解决方案，企业仍能找到共通之处，实现跨行业的学习与合作。

至于那些企业客户需求与解决方案均不相同的产品或服务，看似毫无关联，实则在关键资源争夺或产业链整合中可能成为潜在的竞争对手。在企服行业中，阿里巴巴的钉钉和腾讯的企业微信在企业级通信与协作平台领域的竞争，不仅体现在功能和用户体验上的直接竞争，还在于对企业数字化转型项目的争夺。稀缺资源（如高技能人才、行业数据、云计算基础设施）的有效配置，以及产业链上下游的深度整合能力，同样是B2B领域广义竞品分析的重要维度。

关注对手产品劣势

在激烈的市场竞争中，企业要想脱颖而出，不仅需关注自身产品的优势，更应深入了解并分析对手产品的劣势，以此为突破口，提升自身产品的竞争力。例如，在工业自动化领域，某企业通过深入分析竞争对手产品的兼容性不足和操作复杂性，推出了具有更高兼容性和更简洁用户界面的自动化控制系统。这一策略不仅满足了企业客户对产品精细度和适配性的高要求，还通过优化用户体验和提升系统稳定性，成功吸引了大量原本使用竞品的企业客户，从而在市场中占据了有利地位。

在销售模式上，传统的销售模式已经不能适应时代的发展，若对手产品仍依赖传统的销售驱动，将很难在市场中立足。因此，需要建立智能销售体系，同时建立完善的客户服务体系，快速拓展新客户，同时增强用户黏性。另外，产品易学性也是 B 端产品竞争中的关键一环。

对手产品若在学习成本上设置过高门槛，如在概念验证（Proof of Concept，Poc）阶段就让用户感到操作复杂、路径不清晰，那么这些用户很可能会选择放弃，转而寻找更易于上手的产品。因此，打造产品时需要注重产品的易用性设计，通过简洁明了的界面布局、直观的操作流程、丰富的帮助文档和视频教程等方式，降低用户的学习成本，提升用户的使用体验。

技术背景方面，对手产品可能在解决某些技术问题时显得力不从心，导致产品性能不稳定或功能实现不够完美。例如，某制造业企业在使用传统 MES 系统时，发现系统在处理大规模生产数据时性能不稳定，影响了生产效率。

该企业通过引入先进的工业互联网平台，利用大数据和云计算技术，优化了数据处理流程，显著提高了系统性能和稳定性。这一改进不仅解决了技术问题，还提升了产品的整体竞争力，使企业在市场中获得了更大的份额。

第 10 章

chapter 10

留客变革：积累成交潜客

营销学不仅适用于产品与服务的推广，更在于创造并留住顾客。真正的营销，是让顾客讲述你的故事。

——菲利普·科特勒

《营销管理》作者

在数字化时代，随着互联网红利逐渐消退，流量成本呈现出不断攀升的趋势。这一变化对企业营销战略产生了深远影响，其中最为显著的是，相较于耗费巨资通过广告投放、社交媒体推广等手段去吸引和转化新客户，让忠实客户复购的成本远比寻找一个新客户更低。

更重要的是，老客户复购所带来的不仅是直接的经济收益，还包括口碑传播效应。满意的客户往往会成为品牌的“自来水”，通过他们的正面评价和推荐，为企业吸引更多潜在客户，形成良性循环。这种基于信任和满意度的口碑营销，其成本远低于传统的市场开拓方式，且效果更为持久和深远。

然而，要实现客户的高复购率并有效降低流失率，企业就必须在经营客户的能力上下足功夫。经营客户的第一步是洞察客户需求，洞察客户的业务场景，确定需求周期。不仅要了解客户所在的行业，成为行业专家，同时要知道公司有哪些资源可以提供给对方，有什么产品可以帮助客户？

与客户的成交不是一锤子买卖，需要与客户保持定期的跟进联系。如果我们几周、几个月不联系客户，无法知晓客户的当前情况，客户自然也会把你抛于脑后。有节奏地回访老客户，当他们有需要时，会第一时间想到我们，自然会增加合作的可能。

满意的客户是不会主动离开的，但是，满意怎么来？满意得有一个前提条件——做好客户分层，针对客户的需求，提供有针对性、有价值的服务。这时，我们要善用客户管理系统，根据客户的基本信息、订单信息、联系情况和商机情况等标签做好客户分层。有了客户分层，就能有针对性地创建出能打动客户的营销方案，及时、准确地将那些能够满足用户需求以及潜在客户需求的产品和服务推送到他们面前，进行定向精准营销，持续地促成转化成交，不断给客户带来新的惊喜。

有了客户洞察，企业不仅要能够提供高质量的产品和服务，以满足客户的核心需求，还要深入了解客户的偏好变化，通过个性化营销、定制化服务等手段不断提升客户体验。同时，建立有效的客户反馈机制，及时响应并处理客户的疑问和不满，也是维护客户忠诚度的关键。此外，利用大数据和人工智能技术对客户行为进行深入分析，预测购买趋势，实施精准营销，也是现代企业不可或缺的能力之一。

提升客户终身价值与生命周期

提升客户终身价值与生命周期

在探讨 ToB 企业的客户生命周期管理时，我们需要深入剖析每个阶段客户的独特需求与企业应对策略，以期通过定制化旅程设计，提升客户满意度与忠诚度，进而促进复购与转介绍。客户生命周期阶段与策略表见表 10.1。

在客户生命周期的引入阶段，企业需如猎人般敏锐，通过精准的市场定位与营销策略，吸引潜在客户的注意。SEO 优化、大客户案例展示、行业展会参与等，都是提升品牌曝光度的有效手段。此阶段，虽未直接产生交易，但为后续的客户转化奠定了坚实的基础。

企业需要注重内容营销，以专业且有价值的信息吸引客户，让他们在众多选择中注意到你的存在。进入咨询与试用阶段，企业需转换角色成为客户的贴心顾问。人工客服的即时响应，结合智能化的产品演示，能够让客户感受到被重视与尊重。在试用过程中，销售人员的专业引导与问题解答，如同导游般带领客户探索产品的每一个角落，发现并满足其潜在需求。这一阶段，建立信任与理解至关重要，它直接关系到客户是否愿意迈出下一步——付费购买。

表 10.1 客户生命周期阶段与策略表

阶段	目标	策略	结果
引入阶段	吸引潜在客户	市场定位与营销：精准市场定位、营销策略（如 SEO 优化、大客户案例展示、行业展会参与、探迹智能销售）	公司附近 500 米带路、拉进外卖群
内容营销：提供专业且有价值的信息、增强品牌曝光度	为后续客户转化奠定基础	工作关怀（钉钉使用如问打卡、发日报周报、云课堂入口、组织架构查看等）	面授
咨询与试用阶段	建立信任与理解	客户服务：人工客服即时响应、智能化产品演示	面授
销售人员角色：专业引导、问题解答、发现并满足潜在需求	决定客户是否愿意付费购买	怎么筛选客户、客保规则	面授
首次付费阶段	促成首次购买	销售技巧：根据客户性格、需求与预算定制销售方案	客户开始使用产品或服务
实施与服务阶段	确保客户满意并促进复购	售后实施：标准化的实施流程、个性化服务方案、与客户高层紧密合作、制订实施计划	录音分析
应对阻力：运用同理心与沟通技巧、化阻力为动力	客户感受到实际效益，愿意持续投资		
复购与转介绍阶段	提升客户忠诚度	持续优化服务：定期跟进客户反馈、提供持续的改进与支持	促进客户复购与转介绍

首次付费时，销售技巧的运用如同艺术，需根据客户的性格、需求与预算，量身定制销售方案。而二次付费，则更多依赖售后实施与服务的卓越表现。企业需确保实施过程的顺畅无阻，通过标准化的实施流程与个性化的服务方案，让客户感受到产品带来的实际效益，从而愿意持续投资。实施环节则是客户从理论认知到实践应用的桥梁。如同建筑师建造房屋，不仅需要精确的设计图纸，更需考虑实际施工中的每一个细节。企业应与客户高层紧密合作，共同制订实施计划，确保每一步都符合客户的期望与需求。面对客户员工的阻力，企业应运用同理心与沟通技巧，化阻力为动力，促进实施的顺利进行。

服务是客户生命周期中不可或缺的一环。它不仅关乎产品的持续使用，更影响客户的长期满意度与忠诚度。企业应建立完善的服务体系，包括主动关怀、问题响应与反馈机制，确保客户在使用产品的每一步都能得到及时有效的支持。智能客服与人工服务的有机结合，既能提高效率，又能保持服务的温度。

对于企业而言，续购与增购无疑是持续发展的命脉，在这一过程中企业需不断创新产品功能，提高服务质量，以满足客户日益增长的需求。通过定期的客户回访、使用数据分析与个性化推荐，激发客户的续购意愿，同时探索增购的可能性，实现客户价值的最大化。当客户对产品高度满意，愿意主动分享与推荐时，企业应抓住这一契机，通过构建客户社群、举办线上线下活动等方式，增强客户黏性，培养品牌忠实拥趸。这些客户不仅是产品的使用者，更是企业品牌传播的重要力量。

当然，每家 ToB 企业都难以避免面对客户流失这一窘境，在此期间，企业应保持冷静与反思。主动流失的客户，或许是对产品不满或找到了更好的替代品。企业应通过深度访谈与数据分析，找出流失原因，并采取有针对性的措施进行挽回。而对于自然流失的客户，虽无法挽回，但企业可从中学习，不断优化产品与服务，减少未来客户的流失。

结合数字产品提升客户管理质效

在电商平台，消费者全生命周期的各个环节需要精细化运营。从公域平台的商品曝光、商品咨询、下单付款，到私域的加粉、社群运营、复购等，品牌商家需要在每个环节中挖掘增长潜力，打通消费者全生命周期的价值链条。

随着公域获客成本逐年攀升，成为品牌沉淀自有流量的私域实现飞速发展。如今的私域运营强调品牌与用户的深度关系，需要用“用户思维”加强运营，用个性化 + 精细化的策略满足用户需求，才能真正实现“留量”。

探迹推出的智能销售管理系统——探域 SCRM 基于企业微信，通过打通各大电商平台的数据，实现智能加粉，把实时订单的增量用户快速添加到企微，帮助企业高效搭建私域用户池，为品牌企业提供了一套完整的私域会员体系解决方案，再以积分 + 商城的模式撬动私域转化（如图 10.1 所示）。

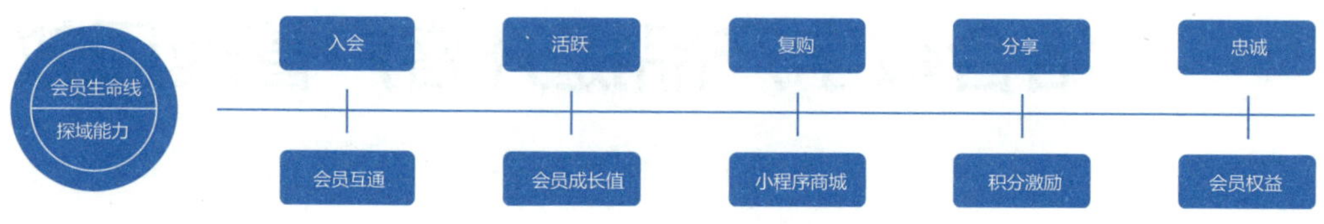

图 10.1 私域会员转化流程

在吸引用户加入私域的环节，探域 SCRM 整合通过链客、包裹卡、短信、公域订单变成私域积分等多种形式吸引公域客户，借此为私域引流；当客户添加客服企微后，通过自动欢迎语获取首单优惠或优惠券链接，有效提高用户成为私域会员、购买首单的意愿度。

不仅如此，探域 SCRM 在引流的过程中通过数据算法获取用户绑定电商平台 ID，自动同步订单信息，打通全域会员数据，实现跨渠道会员身份统一，生成用户标签和 360° 全景用户画像，为后续精细化服务和会员洞察提供全面的数据支持。探域 SCRM 界面见图 10.2。

从公域引流到私域只是第一步，提升用户对品牌的认可度和黏性才是核心目标。

探域 SCRM 通过构建私域会员体系，帮助品牌与用户建立更强连接。商家可依据会员成长值划分等级，并提供差异化权益，鼓励用户下单积累成长值，完成从普通用户到高忠诚会员的转化。

图 10.2 探域 SCRM 界面

此外，积分作为会员体系的重要部分。探域 SCRM 支持积分获取与消耗多种玩法。例如，想让会员保持登录，可以设置签到积分，连续签到倍增积分奖励；想促进会员消费，可以通过设置消费积分，满额交易可获得双倍积分来刺激消费；想鼓励会员传播，可设置转发积分；关于积分消耗，商家可通过积分兑换奖品、优惠券、特权等商品来消耗积分，还可以设置会员在消费时直接用积分抵扣现金，带动会员复购等。

通过这些运营规则和专属权益提升用户对品牌的忠诚度，同时反哺公域店铺或留存在私域商城中（如图 10.3 所示）。

图 10.3 私域商城样例

探域 SCRM 还可以通过差异化的内容和丰富的营销场景，精准触达客户，提高私域整体复购率。运营人员可圈选不同标签的客户（如高客单客户、钻石会员），定时在社群和朋友圈发布产品曝光、买家秀展示、优惠活动等内容，对定向人群进行新品上新、清仓活动、大促活动或者品牌活动等精准营销，促进品牌与用户直接的黏度。

在转化环节，探域 SCRM 基于微信生态，借助私域商城，利用会员体系、优惠券、签到、分销等丰富玩法，实现从企微加粉到小程序变现无缝衔接，帮助品牌企业快速积累用户，激发客户分享转发，为企业迅速带来流量，提高私域变现效率。

目前，探域已合作超过 6000 家电商客户，通过探域私域 SCRM 同电商全流程 AI Agents 平台 ShopAgents 和抖店外呼等产品，帮助商家在不同阶段实现实时提升 GMV、节点提升 GMV 和长期提升 GMV，破局增长焦虑。

在客户管理方面，探迹 CRM 通过构建以客户为中心的“营销—销售—服务”一体化体系，实现服务与营销的深度融合，贯穿整个客户生命周期，形成销售工作流程闭环，为企业业务增长提供源源不断的价值。它支持多渠道获客，潜客识别评估，线索跟进等，助力企业营销推广获客，找客户、找供应商更方便。

在营销触达阶段，通过服务窗、客户群等客户服务工具，打造企业对外营销服务平台，快速响应客户，提升客户满意度。在客户管理阶段，实现客户资源统一管理，集中管理与分配客户资源，减少因离职引起的客户流失，支持自定义客户信息表，实现精细化管理。平台以客户为中心，数据一体化打通，打破“数据孤岛”，实现从营销获客、销售跟进、合同回款到售后服务的全流程数据沉淀与管理，帮助提升销售业绩和客户满意度，开拓企业增长新路径。

客户运营制胜：以客户为中心

将客户置于企业运营的核心，是企业实现客户价值最大化和自身可持续发展的关键所在。这一理念要求企业在产品研发、市场开拓、组织建设等各个环节，始终将客户的需求和体验放在首位，围绕“成就客户”这一终极目标展开工作。通过这种以客户为中心的运营模式，企业能够精准把握客户的需求变化，及时调整服务策略，为客户提供更加贴心、高效的服务，从而赢得客户的信任和忠诚，推动企业的持续成长。

构建完善的客户服务体系，是实现客户运营制胜的关键一步。企业应为客户成功配置完善的流程、组织和管理体系，确保从客户接触、产品使用到售后服务的每一个环节，都有明确的流程和标准，保障服务的连贯性和一致性。例如，企业可以建立一套标准化的客户接待流程，从客户咨询开始，到产品介绍、方案制订、合同签订、产品交付以及后续的使用跟踪和问题解决，每个环节都应有详细的操作规范和责任人，确保客户在整个服务过程中都能获得专业、及时的服务。

同时，企业还需注重服务质量的监察，通过建立严格的质量控制机制，对服务过程进行实时监控和评估，及时发现并解决服务中的问题，确保服务质量始终处于高水平。此外，企业还应构建线上线下相结合的客户服务体系，通过线上平台为客户提供便捷的自助服务和实时互动，同时在全国各地搭建直销团队，为客户提供更高效、更用心的本地化服务，满足不同客户的个性化需求。

为客户提供各类赋能服务已成为企业提高销售效率和业绩的重要手段。在设备制造行业，客户运营的成功案例还包括了对客户反馈的重视和快速响应。以某造纸设备企业为例，通过实施客户关系管理策略，该企业不仅提高了机器稼动率，还通过数字化手段优化了客户服务流程，实现了客户满意度的显著提升。这进一步证明了，无论是在提供定制化设备解决方案，还是在建立完善的服务体系和提供赋能服务方面，以客户为中心的运营模式都能显著提升企业的市场竞争力和客户忠诚度。

以设备类厂家为例，和客户成交后，他们会提供安装与调试服务、技术支持与培训，在使用过程中会提供维修与保养服务，确保设备的稳定运行和延长使用寿命，以及做好备件供应与管理，确保关键备件的快速供应，减少因备件短缺导致的停机时间，还有定期进行预防性与预测性维护，进行定期升级，提升客户黏性，降低被其他供应商转化的风险。

企服类公司也很注重成交后的服务，他们的交付质量直接决定客户满意度。例如，专利公司在成交一个专利申请的单子后，除了提供申请服务，还会设法挖掘客户在知识产权领域全生命周期的需求，如提供专利战略规划，包括专利布局、专利挖掘、专利规避等，抑或拓展知识产权托管与运营服务，帮助客户管理和运营其知识产权资产，提升客户合作黏性，让对方难以离开自己。

企业的发展离不开行业内的交流与合作。企业可以通过举办行业干货分享、趋势洞察和行业沙龙等活动，打造出一个优质的企业家生态圈。在这个生态圈中，企业可以沉淀出优秀的管理理念和知识，实现同行间的经验共享，共同进步。同时，企业还可以通过建立行业联盟或合作平台，促进企业之间的资源共享和业务合作，实现互利共赢，提升整个行业的竞争力和创新能力。

为了更好地满足客户的需求，企业应将“客户成功”这一终极目标贯穿日常创新之中。产品经理应深入一线业务，通过陪访等方式了解客户需求，做到产销协同，高效地为客户提供服务。此外，企业还应不断加大在客户服务上的投入，通过更精细化、更标准化的客户服务体系，实现客户分层运营。联升精密是一家专注于精密机械装备研发与生产的国家级高新科技型企业。通过深入了解客户需求，联升精密提供有针对性的定制设备，这不仅满足了客户的个性化需求，也提升了企业的市场竞争力。产品经理在这一过程中扮演着至关重要的角色。他们经常深入一线业务，通过陪访客户、参与客户会议和体验客户使用产品的过程，来直接获取第一手的客户需求和反馈。这种直接的接触不仅能够帮助产品经理更准确地理解客户的实际需求，还能够促进产销协同，确保产品和服务的开发与市场紧密结合，从而更高效地为客户提供服务。以客户为中心的客户运营，是企业实现制胜的关键。通过构建完善的客户服务体系、赋能客户数智化销售体系、打造优质企业家生态圈、持续创新与服务升级以及全方位赋能企业成长等一系列举措，企业能够为客户提供更加优质、高效的服务，帮助客户实现价值的最大化。未来，随着市场环境的不断变化和客户需求的日益多样化，企业应继续深化以客户为中心的客户运营理念，不断创新服务模式，提升服务品质，以更好地满足客户的需求，提升客户的满意度和忠诚度，实现自身可持续发展的目标。

第 11 章

chapter 11

营销渠道

成功的价值创造需要成功的价值传递，企业必须建立、管理一个不断进化和日益复杂的渠道系统及价值网络，并利用价值网络为目标市场传递价值。

——菲利普·科特勒（Philip Kotler）

在数字化时代，营销渠道的变革已经成为企业增长的关键驱动力之一。随着技术的不断进步，尤其是人工智能和大数据的应用，营销渠道正在经历一场深刻的转型。企业正通过 AI 赋能的营销策略，实现规模化及精准覆盖潜在客户，从而增长询盘和主动拓客。

营销渠道变革

在存量市场中寻找增量

我国市场经济发展的历程，就是一部企业不断开发新市场、适应新环境的历程。从计划经济时期的统一调配，到改革开放后的市场逐步放开，再到互联网时代的数字化转型，每一步都体现了企业对市场机会的敏锐捕捉和创新探索。

1978 年，中国开始实行改革开放政策，经济体制逐渐从计划经济向市场经济转变。这一时期，市场机制逐步引入，企业自主权逐渐扩大。多种经济成分并存，集体企业、乡镇企业和外资企业开始兴起，B2B 交易主体更加多元化。各类专业市场和批发市场开始涌现，如义乌小商品市场、广州服装市场等，促进了商品的流通和交易。

2000 年以后，互联网技术在中国迅速普及，电子商务开始兴起。这一时期，B2B 交易模式发生了重大变革，互联网平台成为重要的交易渠道。阿里巴巴、慧聪网等 B2B 电商平台迅速崛起，企业可以通过这些平台进行在线交易和信息发布，大大提高了交易效率和市场覆盖范围。供应链管理优化，企业通过信息化手段实现供应链的透明化和协同化，提高供应链效率。大数据与精准营销的应用，使企业能够更精准地了解客户需求，实现精准营销和个性化服务。全球化趋势明显，B2B 交易的国际化程度不断提高，企业之间的跨境合作日益频繁。

2020 年以后，数字化和智能化技术快速发展，B2B 交易模式进一步升级。企业逐渐意识到，单纯依赖市场自然增长的策略已难以满足发展需求。尤其是在互联网流量红利逐渐消退的当下，各行各业从增量市场转变为存量市场，流量增速放缓，红利消退，这导致流量获取成本越来越高。平台竞价广告竞争激烈，流量获取成本不断提高，未来持续上涨的趋势明显。在这样的背景下，企业面临着流量成本飙升的问题，这不仅影响了中小型公司，甚至连一些大品牌也感受到了压力。

据华创证券 2024 年 11 月发布的研报，由于流量竞争严重，电商商家普遍出现销售费用率提高、毛利率下降的情况。在这种环境下，商家的成本结构中，流量推广费用占比惊人，有的高达 50%，甚至 70%。这种高企的流量推广费，使大量中小商家陷入两难境地：投入资金购买流量可能会侵蚀本就不多的利润，而不投入则难以获得足够的曝光和销量。

在这样的市场环境下，商家需要寻找新的方法来降低对平台流量的依赖，构建私域流量池成为关键策略。私域流量池的构建可以帮助商家摆脱对平台流量的依赖，通过社交媒体、品牌官网、移动应用等渠道，建立与消费者的直接联系，更好地控制客户数据和营销信息的传播。这样不仅可以提高业务的稳定性，还能延长用户服务生命周期，提高复购率，促进品牌力的建设和升级。

然而，平台流量资源难以私有化，平台流量属于公域流量，商家获取流量需要持续付费进行购买。这导致业务稳定性相对较低，商家流量依赖平台，存在不可预测的经营风险。因此，平台需要重新思考电商流量生态的未来范式，并将流量控制权部分交还给商家，以实现“流量平权”的理想境界，推动平台、大小商家和消费者的利益再平衡。

传统的营销渠道，如展会、广告投放等，尽管依然有效，但已经无法满足企业对于精准营销和成本效益的需求。现代企业开始利用 AI 技术，通过大数据分析，快速识别目标客户群体，实现个性化营销。AI 技术通过精准的数据分析和用户行为预测，帮助企业更有效地定位目标受众，实现广告投放的高效转化。这种精准定位不仅提高了营销活动的效率，还为用户带来了全新的互动体验，为未来的营销策略提供了新的思路和方向。

以普货运输行业为例，长期以来，各省份的大型工厂集群，已经形成了较多渠道可识别开发，行业内的企业也能够通过销售出差参加展会或购买参展名录，开发新客户。但随着规模不断发展，传统的营销手段逐渐乏力。具体主要体现在老客户资源只集中在当地，转介绍不稳定、逛展会拓客方式效率低，且参展企业重复率高等方面。

利用 AI 外呼技术快速批量覆盖新增客群。每天通过手机推送几十家意向客户，能够显著提高客户开发的效率。这种结合 AI 技术的营销策略，不仅提高了客户开发的精准度，还大大降低了人力成本，为企业在激烈的市场竞争中赢得了先机。

AI技术正在重塑营销产业链

AI 技术正在深刻地影响着 ToB 企业的营销产业链，它不仅改变了营销的方式，还显著提高了效率，成为推动 ToB 企业转型和创新的关键力量。对于 ToB 企业来说，要在激烈的市场竞争中脱颖而出，就必须紧跟时代步伐，充分利用 AI 技术来提高营销效率和竞争力。通过引入先进的 AI 技术和产品，企业可以更精准地洞察市场、优化营销策略、提升内容创作能力和销售转化率，实现稳健和可持续的增长。同时，企业也需要不断学习和探索新的 AI 技术和应用方式，以适应不断变化的市场需求和消费者行为。只有这样，企业才能在市场竞争中保持不败，实现长远和稳定的发展。

以物流行业的数字化转型为例，随着电子商务的蓬勃发展和消费者需求的日益多样化，物流行业正经历着从传统模式向智能化、高效化的深刻转型。传统上，物流行业的运作模式较为分散，涉及多个环节，包括货物的收集、运输、仓储和配送等，这一模式不仅效率较低，而且响应市场变化的速度较慢。鉴于物流行业的竞争日益激烈，行业迫切需要通过技术创新来提高效率和降低成本。

为了适应这一变化，物流行业开始采用智能化和集成化的运作模式，以实现快速响应和高效运作。通过引入 AI 技术和大数据分析，物流企业能够优化物流网络，实现货物的精准调配和实时跟踪。例如，通过智能仓储管理系统，企业可以自动识别货物信息，优化库存布局，提高仓储空间利用率。同时，利用智能运输管理系统，物流企业可以根据实时路况和货物需求，动态规划运输路线，减少运输时间和成本。

在这一转型过程中，物流企业还开始利用先进的信息技术，如大数据分析和人工智能，以进一步提高供应链的透明度和效率。通过实时监控物流过程中的各个环节，企业能够预测市场需求，优化库存管理，减少库存积压和缺货风险。此外，通过与电商平台和第三方物流服务提供商的合作，物流企业能够进一步整合资源，提高配送速度和服务质量。

在服务模式方面，物流企业通过线上线下融合的全渠道策略，为客户提供无缝的服务体验。线上平台不仅作为订单管理和信息查询的工具，还承担着客户服务和互动的功能。线下物流网点则通过提供实物展示和即时服务，增强客户的信任度。这种全渠道融合策略不仅提升了客户的体验，也为企业带来了更多的业务机会。

这种物流运作模式的变革使物流企业能够更迅速地响应市场变化，更灵活地调整库存和运输策略，满足客户的即时需求。这种模式的转变不仅体现了物流行业在适应市场变化方面的重要性，也展示了其在提高营销效率方面的关键作用。

营销渠道布局的重要性

公域广告平台曾是企业获取流量和客户的重要渠道。然而，随着互联网流量红利的逐渐消退，公域广告平台的流量增长放缓，成本却不断攀升。这使ToB企业在营销布局上面临新的挑战和机遇。下面我们将通过小米、西门子、施耐德的相关案例，探讨ToB企业营销布局的重要性，并提供一些实用的策略和建议。

公域广告平台，如百度、谷歌、Facebook等，曾是企业获取流量和客户的首选渠道。这些平台通过搜索引擎优化（SEO）和搜索引擎营销（SEM）为企业提供了广泛的曝光机会。然而，随着越来越多的企业涌入公域广告赛道，流量竞争日益白热化。

一方面，流量成本持续攀升，企业获取单个有效客户的花费愈发高昂，使众多ToB企业原本就紧张的营销预算愈发捉襟见肘。以常见的搜索引擎广告为例，2023年的数据显示，百度竞价广告的平均点击成本（CPC）在医疗、金融、教育等热门行业持续上升。例如，医疗行业的平均CPC在2023年达到了150~250元，相比2022年增长了约20%。金融行业的平均CPC也从2022年的80~120元上涨到2023年的100~150元。

热门关键词的出价逐年增长，企业为了抢占前排展示位，不得不投入巨额资金，但转化率却未必能成正比提升。2023年，百度广告的平均转化率（CVR）继续下降。2023 年第四季度，百度广告的平均 CVR 为 3.5%，相比 2022 年同期的 4.0%，下降了约 12.5%。这说明即使用户点击了广告，最终完成购买、注册等目标行为的比例在降低，广告的投入产出比（ROI）在下降。

另一方面，公域平台用户注意力愈发分散，信息过载使广告被关注、被记住的难度大大增加。即便企业精心制作广告内容，也极易淹没在海量资讯中，难以精准触达目标客户群体。

此时，ToB 企业重新审视自身营销布局，建立多渠道、多维度的营销体系显得尤为关键。小米公司的创始人雷军，以其独特的营销策略而著称。小米在早期通过公域广告平台获取了大量的用户关注，但随着流量成本的上升，雷军开始布局全渠道营销，包括线上和线下渠道的深度融合。在线上渠道方面，小米在微博、微信、抖音等社交媒体平台上建立了强大的品牌影响力。通过发布高质量的内容，如产品评测、用户故事、技术解析等，吸引了大量粉丝。这些内容不仅提升了品牌知名度，还通过用户互动和分享，扩大了品牌的影响力。

同时，小米在京东、天猫等电商平台开设官方旗舰店，通过优化产品页面和提供优质的客户服务，提高了用户的购买体验。此外，小米还建立了自己的官方网站和小米商城，通过提供独家产品和优惠活动，吸引了大量用户。小米商城不仅是一个销售渠道，还是一个用户社区，用户可以在上面分享使用体验、参与产品设计等。

小米在全国范围内开设了数百家小米之家，通过线下体验店的方式，让用户亲身体验产品。小米之家不仅提供产品销售，还提供售后服务和技术支持，提升了用户的满意度和忠诚度。此外，小米定期举办线下活动，如新品发布会、粉丝见面会等，通过与用户的面对面交流，增强了用户对品牌的认同感和归属感。通过全渠道营销布局，小米成功应对了公域广告平台流量式微的挑战，实现了品牌的持续增长。雷军的营销策略不仅提升了品牌的知名度和影响力，还通过多渠道的互动和体验，增强了用户的黏性和忠诚度。

西门子通过大数据分析，建立了详细的客户画像，了解客户的需求、行为和偏好。通过分析客户的购买历史、互动行为和反馈信息，西门子能够为客户提供个性化的解决方案和服务。同时，西门子通过多种渠道进行精准营销，包括线上广告、社交媒体、电子邮件、线下活动等。通过精准的广告投放和个性化的营销内容，西门子提高了营销活动的效率，降低了营销成本。通过数字化转型和精准营销，西门子成功应对了公域广告平台流量式微的挑战，实现了品牌的持续增长。西门子的营销策略不仅提高了企业的运营效率和竞争力，还通过多渠道的精准营销，增强了用户的黏性和忠诚度。

施耐德是一家全球领先的能源管理和自动化解决方案提供商，面对公域广告平台流量式微的挑战，施耐德通过内容营销和客户体验优化，实现了营销效果的显著增强。通过优化官方网站和移动应用的界面布局、操作流程和响应速度，提高了用户的使用体验。通过提供简洁明了的界面和直观的操作流程，施耐德降低了用户的学习成本，提高了用户的满意度。同时，施耐德通过提供优质的客户支持和服务，增强了用户的黏性和忠诚度。

通过智能客服、在线技术支持、售后服务等方式，施耐德能够及时解决用户的问题，提供个性化的解决方案。此外，施耐德通过客户反馈机制，了解用户的需求和意见。通过用户评论、问卷调查、在线研讨会等方式，施耐德能够及时调整产品和服务策略，提供更符合用户需求的产品和服务。通过内容营销和客户体验优化，施耐德成功应对了公域广告平台流量式微的挑战，实现了品牌的持续增长。施耐德的营销策略不仅提升了品牌的知名度和影响力，还通过多渠道的内容营销和优质的客户体验，增强了用户的黏性和忠诚度。

公域广告平台流量式微的背景下，ToB 企业需要重新评估其营销策略，布局多渠道、多维度的营销体系，以应对市场变化和竞争挑战。通过全渠道营销、数字化转型、内容营销和客户体验优化，企业可以提升品牌的知名度和影响力，增强用户的黏性和忠诚度。全渠道营销包括线上渠道和线下渠道的深度融合，通过社交媒体、电商平台、自有网站、线下体验店、线下活动等多种渠道，覆盖更广泛的潜在客户，提高品牌的曝光率和知名度。

如何做营销布局

打造企业“高价值”客户池实现长期主义

随着数字经济的快速发展，“短期主义”在各种企业中大行其道。短期主义，即过分注重销售结果的一系列营销活动，通常以“转化”为考量标准。方法上多以对品牌资产的消耗来达到出色的绩效结果的短期营销策略为主。过多的短期主义营销策略也会带来一连串的连锁反应，比如对创新能力的影响，如果品牌将重点放在立竿见影的效果上，就往往更倾向于用小创意替代大创意，利用快速反应和低价迎合并吸引消费者。这恰恰弱化了情感在品牌建设中的重要性，丧失了和消费者强有力沟通的纽带。

相反，当企业在品牌建设中更加重视对未来销售表现的长远影响时，它们展现出的是长期主义的营销策略。这种策略通过精确的客户细分，识别并吸引目标客户群体，并通过深入的服务建立品牌与消费者之间的情感联系，从而积累品牌资产。品牌建设的持久性基于持续传递品牌的核心价值观和体验，这有助于持续兑现品牌承诺，并满足消费者对品牌的期望。通过这种持久的品牌建设，企业可以培养品牌知名度、尝试率、复购率和忠诚度，从而推动品牌的长期发展。

在短期主义和长期营销策略之间，我们并不是要在两者中作出选择，而是需要有效地将长期品牌建设与短期策略相结合，以持续建立消费者与品牌之间的联系。两者之间的协同作用至关重要。我们需要两种策略分别吸引和影响新客户、老客户和潜在客户。挑战在于如何在这两者之间找到理想的投资平衡。在当今竞争激烈的商业环境中，企业必须在短期业绩和长期品牌建设之间找到平衡点。这种平衡不仅要求企业在策略上作出明智的选择，还需要在资源分配上展现出精准的判断力。通过整合营销策略，企业可以将短期的销售目标与长期的品牌建设目标相结合，确保每一策略都能为品牌价值的增长作出贡献。

数据驱动的决策是实现这一平衡的关键。企业可以利用数据分析来识别最有效的营销渠道和方法，以及它们对短期和长期目标的影响，从而作出更加精准的投资决策。客户关系管理（CRM）系统的应用，使企业能够跟踪客户互动和购买历史，以便更好地理解客户行为，并据此调整营销策略。

个性化体验的提供也是构建高价值客户池的重要一环。通过提供个性化的产品或服务，企业可以满足不同客户群体的需求，增强客户满意度和忠诚度。这种个性化的方法有助于企业在客户心中建立起独特的品牌印象，从而在竞争中脱颖而出。

创新与实验是推动企业成长的重要因素。企业应鼓励创新思维，不断测试新的营销方法和创意，以发现能够同时促进短期销售和长期品牌价值增长的新机会。这种探索精神可以帮助企业保持灵活性和竞争力，同时为品牌注入新的活力。

持续的品牌沟通对于维护品牌形象同样至关重要。企业需要确保品牌信息的一致性，无论是在短期促销活动还是长期品牌故事中，都要传达清晰的品牌价值和愿景。这种一致性有助于建立客户的信任，增强品牌的吸引力。

主动拓客，多元化营销触点

首先，ToB 企业需要认识到主动拓客的重要性。直销、电销和大数据自拓是实现精准覆盖和强可控性的有效方法。这些方法允许企业直接与潜在客户接触，通过电话或在线渠道进行沟通。同时，利用大数据分析来识别和定位目标客户群体。这种主动出击的策略，能够提高营销的精准度，增强企业对市场变化的响应能力。在保证效果的同时，通过优化营销渠道、提高转化率等方式降低成本。这可能包括利用自有资源、建立互惠互利的合作伙伴关系等。例如，与代理商、渠道商、经销商等建立合作关系，通过设定合理的利益分配机制来吸引和维护合作伙伴。这在自有营利和服务资源不足时尤为重要。

其次，公域付费触点的利用也是企业获取客户的有效手段。通过广告、SEM、短视频等渠道，企业可以实现短期见效的营销效果。虽然成本较高，但可以作为规模化获客体系的有益补充。同时，企业还应关注合作伙伴关系，与上下游企业、垂直媒体、行业协会、关键意见领袖等建立合作。通过资源共享和合作共赢来提升特定行业或领域的影响力。

在公域免费触点方面，企业需要进行长期运营，如SEO、知识社区、社交网络、视频平台等。虽然初期有一定培育周期，但这些渠道可以作为长线客户培育和老客户服务的主阵地。通过这些渠道，企业可以积累行业实战经验，打造行业竞争力，同时持续精准服务好客户，形成企业的核心力量。

再次，私域触点的建立同样不可忽视。企业应建立官网、公众号、落地页、客服等私域触点，作为自有可控的高互动性渠道。这些渠道不仅能够提供更个性化的服务，还能作为长线客户培育和老客户服务的主阵地，增强客户黏性。

最后，ToB 企业在主动拓客和构建多元化营销触点时，需要综合考虑精准覆盖、可控性、成本效益、渠道生态、合作伙伴关系、公域和私域触点的运营等多个方面。通过这样的策略，企业能够实现高效、可持续的营销效果，从而在激烈的市场竞争中立于不败之地。

探迹凭借其创新的产品和服务，帮助 ToB 企业在主动拓客和多元化营销触点布局上取得了显著成效。通过精准线索挖掘、智能推荐拓展、实时更新与反馈优化等手段，探迹助力企业提高销售效率，拓展市场份额。同时，通过多渠道触达工具、线索流转与批量触达、整合营销数据等功能，探迹帮助企业构建多元化营销触点，实现从线索挖掘到客户管理的全链路数据打通。在数字化浪潮的推动下，探迹为企业提供了强大的技术支持和数据赋能，成为企业营销不可或缺的工具。

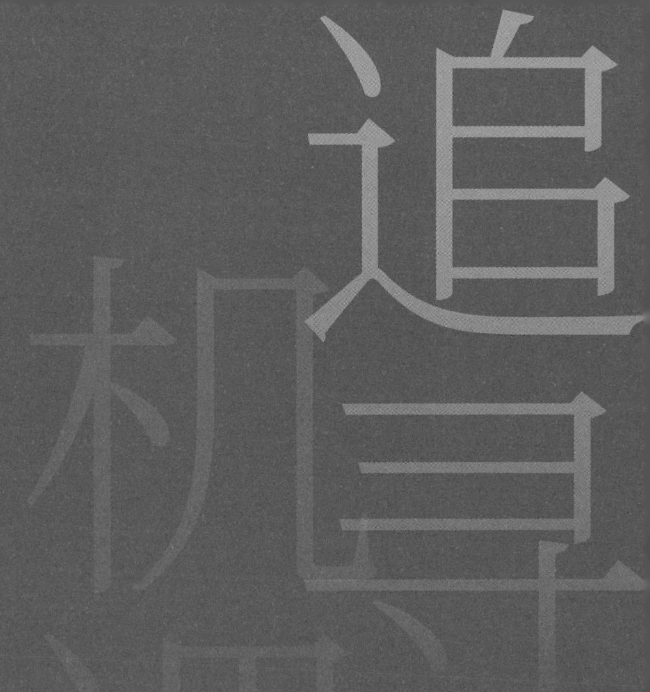

第 12 章

chapter 12

追寻未来机遇

未来属于那些相信梦想之美的人。

——埃莉诺·罗斯福

《你改变了世界：埃莉诺·罗斯福的故事》作者

美国前第一夫人

总结：打造新商业连接方式

从20世纪50年代提出人工智能的概念，到如今的深度学习和生成式AI的应用，技术的进步不断推动着生产力的提升。当前，AI技术的应用使企业能够实现自动化生产、智能化管理和数据驱动决策。数据作为新的生产要素，正在颠覆传统的商业模式、组织方式和产业形态。这一转变使企业能够更高效地配置资源，优化生产流程，从而提升整体生产力。

生产力的提升改变了企业与客户之间的连接方式。从纸媒到电报、广播、电话、电视、互联网及移动互联网，在人类的生产史中，随着生产力的不断提升，营销要素也不断发生变化，商业连接方式也随之变化。从19世纪末至20世纪的纸媒时代，报纸、广告单页、广告橱窗、黄页，是主要的商业连接方式，其中宝洁、可口可乐、Yell Group是将这些商业连接方式运用得最好的公司。

在当前人工智能新时代，随着AI重塑千行百业，也必将迎来新的商业连接方式。这将是一个更加智能化、个性化，也更具想象力的商业连接方式。企业需要积极拥抱这些变化，以保持竞争力并引领市场潮流。通过技术创新和灵活应对市场需求，企业将能够在全球化的浪潮中实现可持续发展，创造新的商业机会。

属于 AI 时代的商业进化论

在 AI 技术日新月异的今天，ToB 企业正面临着前所未有的转型机遇与挑战。生成式 AI 的广泛应用，不仅为 B 端产品带来了创新的设计思路，更为企业提升竞争力、实现商业进化提供了强大的动力。

我们需要明确 AI 原生应用与已有产品的 AI 辅助之间的区别与联系。AI 原生应用是指那些从设计之初就融入了 AI 技术的产品，它们能够充分利用 AI 的智能化特性，实现更加高效、精准的业务处理。而已有产品的 AI 辅助，则是在原有产品的基础上，通过引入 AI 技术来优化某些功能或流程，提高用户体验和效率。对于 ToB 企业而言，这两种方式都有其独特的价值和应用场景。

以探迹为例，探迹通过挖掘和分析全网信息，并在此基础上结合 NLP、机器学习算法等人工智能技术，打造出探迹智能销售云平台和智能销售解决方案，帮助企业提高销售效率。探迹科技的服务已覆盖商务服务、工业制造、营销传播、软件服务等领域。

探迹的 AI 原生应用体现在其智能销售云平台，该平台使用 AI 和大数据为企业提供从线索挖掘、商机触达到客户管理的全流程智能销售服务，全面提高销售效率。探迹拓客功能通过全量企业知识图谱，覆盖各行各业客户类型，提供企业查询、高级筛选、地图拓客和智能推荐等丰富的拓客方式，赋能销售快速找到精准客户。

此外，得益于探迹在 ToB 销售领域的超大规模企业知识图谱构建，以及全价值销售链的数字营销系统的打造。探迹科技推出的业内首个销售大模型产品探迹 SalesGPT，通过 AI 技术的应用，使 ToB 企业能够更有效地进行全球商业连接，让商务来往更加便利、简单。

通过 AI 原生应用和 AI 辅助产品的结合，不仅提高了企业的内部效率，还优化了与客户的互动和交易流程，打造了全新的商业连接方式。

展望：未来增长的几大趋势

1. 客户体验战略的人性化、定制化转变

在 B2B 领域，客户体验战略的人性化和定制化转变标志着企业对市场动态的深刻理解和积极适应。这种转变的核心体现在三个要素中：深入了解客户需求、提供个性化解决方案以及保持持续的客户互动。

深入了解客户需求是这一转变的起点。随着技术的进步，企业现在能够通过大数据分析和客户反馈机制，更精准地把握客户的业务场景和需求。这种洞察力使企业能够识别客户的痛点和期望，从而设计出更加贴合客户实际需求的产品。这种以数据为驱动的洞察，不仅提升了产品和服务的针对性，也为企业带来了竞争优势。

提供个性化解决方案是战略转变的实践。在 B2B 市场中，客户寻求的是能够解决具体问题、提高业务效率的定制化服务。企业通过个性化解决方案，能够更好地满足客户的特定需求，从而提升客户满意度和忠诚度。这种个性化服务的实施，要求企业具备高度的灵活性和创新能力，以快速响应市场变化和客户需求的演进。

保持持续的客户互动是战略转变的延续。在数字化时代，客户期望企业能够提供更加互动和参与的体验。通过社交媒体、在线社区和客户反馈机制，企业能够与客户建立更直接的沟通渠道。这种互动不仅有助于企业及时了解客户需求和市场动态，还能够增强客户的参与感和归属感，从而促进品牌忠诚度的提升。

人性化、定制化的转变趋势，也反映了企业对内部流程和文化变革的需求。为了实现人性化和定制化的客户体验，企业需要在内部建立起以客户为中心的思维方式。这涉及跨部门的协作、流程的优化以及员工培训的加强。企业必须确保每个环节都能够围绕客户需求进行设计和执行，从而形成一个统一、高效的客户服务体系。

在B2B领域，客户体验战略的人性化和定制化转变不仅是对市场变化的响应，更是企业实现长期成功和可持续发展的必由之路。通过深入了解客户需求、提供个性化解决方案以及保持持续的客户互动，企业能够构建起与客户之间更深层次的联系，从而在竞争激烈的市场中获得优势。这种以客户为中心的战略转变，是企业在新时代背景下，实现创新和增长的关键。

2. 营销技术应用转变

在B2B营销领域，CRM与CMS正日益成为企业不可或缺的重要工具。CRM系统通过整合客户信息、销售数据和服务记录，构建全面的客户视图，助力企业实现精准营销和高效客户服务。它不仅能够自动化处理烦琐的客户管理任务，还能通过 AI 算法分析客户行为，预测销售趋势，为企业决策提供有力支持。而 CMS 则为企业提供了强大的内容创作、发布和管理平台，使企业能够轻松构建和优化网站、社交媒体等营销渠道，提升品牌形象，吸引潜在客户。随着数字化转型的加速，CRM 与 CMS 的集成应用已成为趋势，两者相辅相成，共同推动 ToB 企业营销效率与效果的双重提高。

当然，CRM 经过多年的发展，不管是内涵还是外延都发生了很大的变化。其一，CRM 开始行使部分 ERP 的职能。探迹 CRM 通过整合销售管理、客户全生命周期管理、客户全景画像、业务自定义与报表可视化等功能，帮助企业实现销售流程的自动化和客户信息的全面管理。它不仅能够汇聚所有客户信息，包括客户属性、客户标签、重要 KP、历史跟进记录等，还能通过数据报表实现销售过程的可视化，让企业全面掌控销售情况。

此外，探迹 CRM 还支持在线签约、收款和开票，实时生成流水，自动关联合同和发票，可在线对账，这在一定程度上行使了 ERP 系统中财务管理的职能。它还支持销售、采购、生产、质检、库存等进销存链路，自动化管控货品出入，解决销售流程和进货流程脱节问题，实现业务、产品、生产、物流等数据的流通，产销一体化。

3. 通用型技术应用转变

在 B2B 营销领域，智能化与虚拟化技术正引领一场深刻的变革，不仅重塑了企业的营销方式，还极大地增强了营销效果。智能化技术，如 AGI（通用人工智能）智能体，相较于传统AI展现出了更强的适应性与学习能力，它能够整合海量且复杂的客户数据，深度洞察市场动态，近乎实时地优化营销策略，让营销行动精准无误地直击目标。例如，某高端制造业的B2B巨头部署了AGI智能体，它不仅能分析客户过往的采购订单、售后反馈，还能综合考量行业宏观趋势、原材料价格波动对客户需求的影响，为每一个潜在客户量身定制涵盖产品选型、供应链协同、成本效益分析的一揽子解决方案，客户响应率相较之前提升了40%，大额订单成交周期缩短了近三分之一。

虚拟化技术同样为B2B营销开辟了新的天地。借助虚拟现实（VR）和增强现实（AR），企业能够打破地域限制，为客户提供沉浸式的产品体验。以往，客户只能通过产品说明书或二维图片了解复杂的工业设备，如今，通过VR技术，客户仿佛置身于真实的生产场景，全方位观察设备的运行细节，感受其性能优势。这种身临其境的体验，有效缩短了销售周期，让潜在客户更快地做出购买决策。

而且，智能化与虚拟化技术的融合更是相得益彰。以新兴的分布式虚拟协同商务平台为例，依托AGI智能体的超强算力，在客户接入平台瞬间完成其身份画像、需求偏好识别，精准连接与之匹配的供应商团队，同时借助VR技术打造超拟真的商务洽谈空间，双方团队成员化身虚拟形象，实时交互操作产品3D模型、共享技术参数，犹如同处一室面对面地沟通。这一创新模式，让跨洋合作的企业间沟通成本降低了60%，新业务拓展效率提高了两倍有余，为B2B营销构建起一个全新的、充满无限可能的生态系统，持续推动行业向前蓬勃发展。

4. 商业连接方式的转变

AI 技术极大地提升了智能客户服务与交互体验。传统的客户服务往往依赖人工，存在响应时间长、服务效率低等问题。而 AI 驱动的智能客服系统，如聊天机器人和语音助手，能够实现 24 小时不间断地服务，快速响应客户的咨询和需求。通过自然语言理解（NLU）和自然语言生成（NLG）技术，智能客服可以与客户进行流畅的对话，准确理解客户的问题，并提供相应的解决方案。此外，AI 还可以通过分析客户的交互历史和情绪状态，提供更加贴心和个性化的服务。例如，在客户情绪不佳时，智能客服可以主动调整语气和沟通方式，以缓解客户的不满情绪。这种智能化的客户服务不仅提高了服务质量和效率，还增强了客户的满意度和忠诚度，使商业连接更加紧密和稳定。

AI 技术将促进供应链与商业生态的智能化协同。在供应链管理方面，AI 可以通过大数据分析和预测算法，实现对市场需求、库存水平和物流运输的精准预测和优化。例如，利用机器学习模型，企业可以预测不同地区和时间段的产品需求，从而提前调整生产计划和库存分配，减少库存积压和缺货风险。同时，AI 还可以优化物流运输路线和配送方案，提高运输效率和降低成本。在商业生态方面，AI 技术可以帮助企业更好地理解和整合上下游合作伙伴的资源和能力，实现信息共享、协同创新和价值共创。例如，通过 AI 平台，企业可以与供应商、分销商和客户等合作伙伴实时共享市场信息、产品数据和运营状态，从而实现更加紧密和高效的商业合作。这种智能化的供应链和商业生态协同，不仅提高了整个商业系统的效率和竞争力，还为企业创造了更多的增长机会和价值。

5. 企业视野格局的转变

企业管理者们正站在变革的前沿，引领着企业穿越传统与创新的边界，实现视野格局的全方位蜕变，这些转变如同强劲的引擎，驱动着企业战略航向与日常运营的深度调整。

在市场洞察方面，ToB 企业告别过去依赖行业报告、展会交流获取滞后信息的方式。如今，大数据分析与 AI 智能监测系统成为洞察全球同行业动态的有力工具。某软件服务领域的 ToB 企业，其管理者利用自主搭建的智能数据监测平台，在新兴市场精准发现小众行业对软件定制化功能的迫切需求。随后，迅速组织跨部门协作，高效调配研发力量攻坚，赶在同行之前推出适配产品，成功开拓新市场。这体现出管理者从传统经验判断市场向依靠数字化工具精准决策、主动开拓市场的转变。

在客户合作维度上，数字化为 ToB 企业与客户关系重塑注入活力。以往简单的产品交付、货款回收交易模式已不适应竞争。借助客户关系管理系统与 AGI 智能体，管理者带领团队深挖客户需求，打造全生命周期的超值服务。如某工业自动化 ToB 企业与大型制造企业合作，起初仅仅是供应产品，随着数字化协同推进，双方共享生产数据，共同改进自动化流程。这既助力客户提高生产效率、创造效益，企业自身也收获经验与稳定订单，迈向与客户共创价值、共享繁荣的战略新方向。

面对全球化竞争，数字化技术为 ToB 企业打通全球资源整合路径。云计算、虚拟办公等让跨国团队协作顺畅，管理者得以放眼全球挑选顶尖供应商与人才，优化成本、提升产品品质。以某半导体 ToB 企业为例，全球化战略初期困难重重，但引入分布式研发模式，招揽各地科研人才，在原材料采购上依托全球供应链大数据平台找准高性价比货源，摆脱本土局限，实现从本土运营到全球资源统筹调配的转型，勇闯国际市场。

总之，处于数字化时代，ToB 企业管理者必须引领企业跳出传统思维局限，在市场洞察、客户合作、全球资源整合等方面革新视野格局，驱动企业朝着更具前瞻性、开放性与协同性的方向前行，确保在多变商业生态中持续领先。

出海：追寻下一个百亿市场

数据显示，预计到 2026 年全球电子商务 B2B 规模将达到 36.2 万亿美元。我国作为全球最大的电子商务市场，其跨境电商 B2B 出口规模也将持续扩大。据第三方机构测算，2022—2025 年，我国跨境电商 B2B 出口年均复合增长率将保持在 15.6%，预计到 2025 年规模将达 6.9 万亿元。ToB 企业正站在一个新的风口上，面对着跨境领域的巨大机遇。随着数字经济的发展和国际贸易壁垒的逐渐降低，ToB 企业在全球市场上的潜在机会正逐渐显现。

全球供应链的加速整合，使得 ToB 企业有机会通过跨境电商平台直接接触全球消费者，扩大市场范围。同时，中国政府对跨境电商行业给予了强有力的政策支持，包括出台促进跨境电子商务发展的多项政策、简化税收和清关程序、建立跨境电商综合试验区等，这些都为 ToB 企业提供了良好的发展环境。

出海战略不仅局限于跨境电商，还包括到海外建立分公司、开店等多元化的国际市场拓展方式。例如，中国的家电制造商海尔在全球多个国家和地区设立了研发中心和制造基地，实现了产品的本地化生产和销售。另外，中国的移动支付巨头支付宝和微信支付也纷纷出海，通过与当地商家合作，为海外用户提供便捷的支付服务。

在出海的过程中，ToB 企业面临的挑战也不容忽视。如何做好本地化、发挥国内产品优势、走出具有中国特色的全球化之路，都是企业需要思考的问题。例如，数据合规问题、本土化需求的响应以及与当地文化的融合等，都是企业在出海过程中需要克服的难题。然而，随着中国 ToB 企业在技术、产品和服务上的不断创新和提升，这些问题正在逐步得到解决。

ToB 企业在追寻下一个百亿市场的过程中，需要综合运用技术创新、本土化策略、品牌建设、多元化经营等多种手段，以适应全球化的挑战和机遇。通过不断优化产品和服务，提升全球竞争力，ToB 企业将能够在国际市场上实现持续增长。

资本、技术的全域探索

从最初的黄页模式，到网上交易所的探索，再到如今以阿里巴巴、京东企业购为代表的集成供应链管理和全方位服务平台的崛起，B2B 行业经历了翻天覆地的变化。可以说，B2B 行业正站在新的发展起点上。

市场的成熟与资本的涌入，为 B2B 行业带来了良好的发展机遇。《2024 年上半年中国中小企业融资发展报告》显示，近百亿元的融资潮涌向 ToB 企业，融资环境的明显改善，不仅是资本风向的转变，更是 ToB 企业探索适合自身发展路径的必然结果。以阿里巴巴为例，从在线批发平台到全面的供应链解决方案，涵盖了支付、物流和数据分析等服务，帮助中小企业更高效地进行国际贸易。京东企业购则通过整合自营和第三方资源，优化了企业采购流程，提高了采购效率和透明度。这些转变彰显了企业在市场变化中的灵活策略调整，以技术为驱动，切割出属于自己的市场空间。

在模式之争中，撮合与自营的抉择成为 ToB 企业面临的重大考验。撮合虽能快速启动市场，形成影响力，但自营模式通过提供更深层次的服务，如质量控制、物流配送、供应链金融等，更能构建企业的核心竞争力。云启资本毛丞宇曾说过，一个 ToB 企业的价值，在于其能否真正提高流通效率，解决上下游的痛点与刚需，而非仅仅作为中间商赚取差价。效率是 B2B 领域永恒的追求，在评估项目时，一家优秀的公司尤为需要注重行业规模、供应链分散度以及流通环节的效率提升潜力。在毛利微薄但效率至上的竞争法则下，ToB 企业需通过技术创新与模式优化，实现成本的有效控制与客户满意度的持续提升。对质量的严格把控与痛点的精准解决，是赢得市场信任的关键。

展望未来，B2B 领域的机遇与挑战并存。在钢铁、快消等已有领头羊的行业，新入局者需寻找差异化竞争路径；而在工业品、装修、天然气等尚未形成绝对领导者的领域，则蕴藏着巨大的发展潜力。美国 B2B 市场的整合历程为中国提供了借鉴，即通过不断的并购与技术创新，最终形成规模庞大的行业巨头。中国 B2B 市场虽尚处于中期阶段，但未来五年乃至十年，有望加速这一进程，实现跨越式发展。在此过程中，技术与资本的融合将发挥至关重要的作用。ToB 企业需充分利用 SaaS、大数据等现代信息技术，不断提高服务效率与用户体验，同时保持对新兴技术的敏锐洞察，以创新驱动未来。唯有如此，才能在激烈的市场竞争中脱颖而出，成为推动行业进步的中坚力量。

随着全球化的不断深入，ToB 企业正面临着更加广阔的舞台。无论是通过跨境电商平台直接接触全球消费者，还是在海外建立分公司、开店等多元化的国际市场拓展方式，ToB 企业都在积极寻找新的增长点。海尔集团的全球化布局、支付宝和微信支付的国际化步伐，都是中国 ToB 企业在全球化浪潮中勇立潮头的生动写照。这些企业的成功，不仅为中国 B2B 行业的国际化提供了宝贵经验，也为全球 B2B 市场的发展注入了新的活力。

在这个充满希望与挑战的新时代，ToB 企业正以前所未有的勇气和智慧，书写着属于自己的辉煌篇章。让我们共同期待，这些企业在未来的发展中，能够创造出更多的奇迹，为全球经济的繁荣作出更大的贡献。